改革开放四十年大事记

中共中央党史和文献研究院

人民出版社

目　录

改革开放四十年大事记

　　编者按:改革开放是党和人民大踏步赶上时代的重要法宝,是决定当代中国命运的关键一招,也是决定实现"两个一百年"奋斗目标、实现中华民族伟大复兴中国梦的关键一招。为庆祝改革开放40周年,充分展示改革开放40年的伟大成就,引导广大党员干部群众更加深刻地认识习近平新时代中国特色社会主义思想是全面深化改革的根本指导思想,更加深刻地认识改革开放是坚持和发展中国特色社会主义的必由之路,更加深刻地认识中国共产党、中国人民和中国特色社会主义的伟大力量,动员全党全国各族人民在以习近平同志为核心的党中央坚强领导下,统一思想、凝聚共识、坚定信心,不忘初心、牢记使命、不懈奋斗,在更高起点、更高层次、更高目标上将改革开放进行到底,中央党史和文献研究院编写了《改革开放四十年大事记》。现将全文刊发,以飨读者。

一九七八年

12月18日—22日　中共十一届三中全会举行。邓小平在全会前召开的中央工作会议闭幕会上作《解放思想，实事求是，团结一致向前看》的总结讲话，这篇讲话实际上是全会的主题报告。全会批判了"两个凡是"的错误方针，充分肯定了必须完整地、准确地掌握毛泽东思想的科学体系，高度评价关于实践是检验真理的唯一标准问题的讨论；果断地停止使用"以阶级斗争为纲"的口号，作出把党和国家工作中心转移到经济建设上来、实行改革开放的历史性决策；决定健全党的民主集中制，加强党的领导机构，成立中央纪律检查委员会，选举陈云为中央纪委第一书记。全会标志着中国共产党重新确立了马克思主义的思想路线、政治路线和组织路线，实现了新中国成立以来党的历史上具有深远意义的伟大转折，开启了我国改革开放和社会主义现代化建设历史新时期。

一九七九年

1月1日　中国同美国正式建立外交关系。

同日　全国人大常委会发表《告台湾同胞书》，正式提出实现和平统一的大政方针，呼吁两岸实现通航、通邮，发展贸易，互通有无，进行经济交流（后被称为通航、通邮、通商"三通"）。

1月17日　邓小平接见胡厥文、胡子昂、荣毅仁、古耕虞、周叔弢等工商界领导人，听取他们对搞好经济建设的意见建议。指出，现在搞建设，门路要多一点，可以利用外国的资金和技术，华侨、华裔也可以回来办工厂。要发挥原工商业者的作用，有真才实学的人应该使用起来，能干的人就当干部，要落实对他们的政策。总之，钱要用起来，人要用起来。

3月30日　邓小平在党的理论工作务虚会上作《坚持四项基本原则》的讲话。指出，必须在思想政治上坚持四项基本原则。第一，必须坚持社会主义道路；第二，必须坚持无产阶级专政（后表述为人民民主专政）；第三，必须坚持共产党的领导；第四，必须坚持马列主义、毛泽东思想。这是实现四个现代化的根本前提。如果动摇了四项基本原则中的任何一项，那就动摇了整个社会主义事业，整个现代化建设事业。

4月5日—28日　中共中央召开工作会议，决定对国民经济实行调整、改革、整顿、提高的方针。

6月15日 邓小平在全国政协五届二次会议上讲话,分析我国社会阶级状况和统一战线内部结构的变化,明确指出,新时期统一战线和人民政协的任务,就是要调动一切积极因素,努力化消极因素为积极因素,团结一切可以团结的力量,同心同德,群策群力,维护和发展安定团结的政治局面,为把我国建设成为现代化的社会主义强国而奋斗。

7月1日 五届全国人大二次会议通过《关于修正〈中华人民共和国宪法〉若干规定的决议》和《中华人民共和国刑法》、《中华人民共和国刑事诉讼法》、《中华人民共和国中外合资经营企业法》等7部法律。

7月15日 中共中央、国务院批转广东省委、福建省委关于对外经济活动实行特殊政策和灵活措施的两个报告,同意在深圳、珠海、汕头和厦门试办出口特区。1980年5月16日,中共中央、国务院批转《广东、福建两省会议纪要》,正式将出口特区改称为经济特区。

9月13日 五届全国人大常委会第十一次会议原则通过《中华人民共和国环境保护法(试行)》。1989年12月26日,七届全国人大常委会第十一次会议通过《中华人民共和国环境保护法》。

10月19日 邓小平在对各民主党派和全国工商联代表讲话时指出,统一战线已经发展成为全体社会主义劳动者、拥护社会主义的爱国者和拥护祖国统一的爱国者的最广泛的联盟。

10月30日 邓小平在中国文学艺术工作者第四次代表

大会上致祝词,指出要在建设高度物质文明的同时,建设高度的社会主义精神文明。

12月6日　邓小平在会见外宾时指出,我们要实现的四个现代化,是中国式的四个现代化。中国本世纪的目标是实现小康。

一九八〇年

1 月 16 日　邓小平在中共中央召集的干部会议上作《目前的形势和任务》的讲话,提出反对霸权主义、维护世界和平,台湾归回祖国、实现祖国统一,加紧四个现代化建设三大任务。强调我们坚持四项基本原则,这四个坚持的核心,是坚持党的领导。

2 月 29 日　中共十一届五中全会通过《关于党内政治生活的若干准则》。

3 月 14 日—15 日　中共中央召开西藏工作座谈会,提出有计划有步骤地使西藏兴旺发达、繁荣富裕起来。

3 月 19 日　邓小平在同中央负责同志谈《关于建国以来党的若干历史问题的决议》稿起草问题时指出,中心的意思应该是三条。第一,确立毛泽东的历史地位,坚持和发展毛泽东思想。这是最核心的一条。第二,对建国 30 年来历史上的大事,要进行实事求是的分析,包括一些负责同志的功过是非,要做出公正的评价。第三,对过去的事情做个基本的总结。其中最重要、最根本、最关键的,还是第一条。

4 月 17 日　中国恢复在国际货币基金组织的合法席位。

5 月 15 日　中国恢复在世界银行的合法席位。

5 月 18 日　我国向太平洋预定海域发射的第一枚运载

火箭获得圆满成功。

5月31日 邓小平在同中央负责工作人员谈话时指出，农村政策放宽以后，一些适宜搞包产到户的地方搞了包产到户，效果很好，变化很快。我们总的方向是发展集体经济。关键是发展生产力，要在这方面为集体化的进一步发展创造条件。

8月18日 邓小平在中共中央政治局扩大会议上作《党和国家领导制度的改革》的讲话，指出领导制度、组织制度问题更带有根本性、全局性、稳定性和长期性，对现行制度存在的各种弊端必须进行改革。

9月2日 国务院批转国家经委《关于扩大企业自主权试点工作情况和今后意见的报告》，要求从1981年起把扩大企业自主权的工作在国营工业企业中全面推开。

9月10日 五届全国人大三次会议通过《中华人民共和国中外合资经营企业所得税法》、《中华人民共和国个人所得税法》。

同日 五届全国人大三次会议决定赵紫阳为国务院总理。

9月25日 中共中央发出《关于控制我国人口增长问题致全体共产党员、共青团员的公开信》，提倡一对夫妇只生育一个孩子。

一九八一年

2 月 25 日　全国总工会、共青团中央等 9 单位联合向全国人民特别是青少年发出倡议,开展以讲文明、讲礼貌、讲卫生、讲秩序、讲道德和心灵美、语言美、行为美、环境美为主要内容的"五讲四美"文明礼貌活动。

6 月 27 日　中共十一届六中全会通过《关于建国以来党的若干历史问题的决议》,对建国 32 年来党的重大历史事件特别是"文化大革命"作出正确总结,实事求是地评价毛泽东的历史地位,充分论述毛泽东思想作为党的指导思想的伟大意义。29 日,全会选举胡耀邦为中央委员会主席,邓小平为中央军委主席。

8 月 27 日—9 月 25 日　全军高级干部集训,重点研究战争初期方面军防御战役的组织与实施。其间,北京军区在华北地区组织了方面军防御战役演习。邓小平在演习结束后举行的阅兵式上讲话指出,必须把我军建设成为一支强大的现代化、正规化的革命军队。

9 月 30 日　全国人大常委会委员长叶剑英向新华社记者发表谈话,进一步阐述关于台湾回归祖国、实现祖国和平统一的九条方针政策。

10 月 17 日　中共中央、国务院作出《关于广开门路,搞活经济,解决城镇就业问题的若干决定》。指出,在社会主义公有制经济占优势的根本前提下,实行多种经济形式和多种经营方式长期并存,是我党的一项战略决策。

12月3日 中共中央、国务院、中央军委作出《关于恢复新疆生产建设兵团的决定》。

一九八二年

1月1日　中共中央批转《全国农村工作会议纪要》,肯定包产到户等各种生产责任制都是社会主义集体经济的生产责任制。1982年至1986年,中共中央就农业和农村问题连续发出5个一号文件。

1月2日　中共中央、国务院作出《关于国营工业企业进行全面整顿的决定》。指出,要使企业的经济利益与企业生产经营成果好坏直接联系,把责、权、利三者统一起来。

1月11日　邓小平会见美国华人协会主席李耀滋,首次提出"一个国家,两种制度"概念。1983年6月26日,邓小平会见美国新泽西州西东大学教授杨力宇,提出实现大陆和台湾和平统一的六条方针。

1月13日　邓小平在中共中央政治局扩大会议上讲话时提出干部队伍革命化、年轻化、知识化、专业化的"四化"方针。

2月20日　中共中央作出《关于建立老干部退休制度的决定》。

3月8日　五届全国人大常委会第二十二次会议通过《关于国务院机构改革问题的决议》。这是改革开放以来首次对国务院机构实行大范围裁减、合并。

3 月 31 日　中共中央印发《关于我国社会主义时期宗教问题的基本观点和基本政策》。

8 月 17 日　中美两国政府就分步骤直到最终彻底解决美国向台湾出售武器问题发表《中华人民共和国和美利坚合众国联合公报》(通称八一七公报)。这是中美两国政府继1972 年上海公报和 1979 年建交公报之后发表的第三个关于中美关系的重要公报。

9 月 1 日—11 日　中国共产党第十二次全国代表大会举行。邓小平在致开幕词时提出,把马克思主义的普遍真理同我国的具体实际结合起来,走自己的道路,建设有中国特色的社会主义。大会通过的报告《全面开创社会主义现代化建设的新局面》,提出分两步走,在 20 世纪末实现工农业年总产值翻两番的目标。大会通过新的《中国共产党章程》。大会决定设立中央顾问委员会。

9 月 12 日—13 日　中共十二届一中全会选举胡耀邦为中央委员会总书记,决定邓小平为中央军委主席,批准邓小平为中央顾问委员会主任,批准陈云为中央纪委第一书记。

9 月 24 日　邓小平会见英国首相撒切尔夫人,阐述中国政府对香港问题的基本立场。指出,主权问题不是一个可以讨论的问题。1997 年中国将收回香港。如果在 15 年的过渡时期内香港发生严重的波动,中国政府将被迫不得不对收回的时间和方式另作考虑。如果说宣布要收回香港就会像夫人说的"带来灾难性的影响",那我们要勇敢地面对这个灾难,做出决策。香港继续保持繁荣,根本上取决于中国收回香港后实行适合于香港的政策。

10 月 12 日 我国首次以潜艇从水下向预定海上目标区发射运载火箭获得成功。

12 月 4 日 五届全国人大五次会议通过并公布施行经全面修改后的《中华人民共和国宪法》。这是中华人民共和国的现行宪法。规定,加强人民代表大会制度,扩大全国人大常委会的职权;恢复设立国家主席;国家设立中央军事委员会,中央军事委员会实行主席负责制;国务院实行总理负责制;国家在必要时得设立特别行政区;改变农村人民公社"政社合一"的体制,设立乡政权。此后,为适应改革开放和社会主义现代化建设的需要,我国分别于 1988 年、1993 年、1999 年、2004 年、2018 年先后 5 次对宪法进行修改。

12 月 10 日 五届全国人大五次会议批准《中华人民共和国国民经济和社会发展第六个五年计划》。

一九八三年

4月5日 中国人民武装警察部队总部在北京成立。

4月24日 国务院批转财政部制定的《关于国营企业利改税试行办法》，将国营企业原来给国家上缴利润的办法，改为按国家规定的税种和税率向国家缴纳税金。

6月4日—22日 全国政协六届一次会议举行。会议选举邓颖超为全国政协主席。

6月6日—21日 六届全国人大一次会议举行。会议选举李先念为国家主席，彭真为全国人大常委会委员长，邓小平为国家中央军委主席，决定赵紫阳为国务院总理。

7月8日 邓小平在同中央几位负责同志谈话时指出，要利用外国智力，请一些外国人来参加我们的重点建设以及各方面的建设，应该很好地发挥他们的作用。要扩大对外开放。中国是一个大的市场，我们要很好利用。这是一个战略问题。

10月1日 邓小平为景山学校题词：教育要面向现代化，面向世界，面向未来。

10月11日 中共十二届二中全会通过《关于整党的决定》。这次整党的任务是统一思想、整顿作风、加强纪律、纯洁组织。

10 月 12 日　中共中央、国务院发出《关于实行政社分开建立乡政府的通知》。此后,建立乡、镇政府和各种合作经济形式的工作在全国展开,人民公社体制废除。

12 月 31 日　国务院召开第二次全国环境保护会议,明确提出环境保护是我国的一项基本国策。1984 年 5 月 8 日,国务院作出《关于环境保护工作的决定》。

一九八四年

2月 中央组织内地 9 省市为西藏援建 43 项重点工程。

3月12日 六届全国人大常委会第四次会议通过《中华人民共和国专利法》。

4月8日 我国首次成功发射试验通信卫星"东方红 2 号"。我国成为世界上第五个掌握卫星通信能力的国家。

5月4日 中共中央、国务院批转《沿海部分城市座谈会纪要》，决定进一步开放天津、上海、大连、秦皇岛、烟台、青岛、连云港、南通、宁波、温州、福州、广州、湛江和北海等 14 个沿海港口城市，并提出逐步兴办经济技术开发区。

5月10日 国务院印发《关于进一步扩大国营工业企业自主权的暂行规定》。

5月31日 六届全国人大二次会议通过《中华人民共和国民族区域自治法》。2001 年 2 月 28 日，九届全国人大常委会第二十次会议通过修订后的《中华人民共和国民族区域自治法》，明确规定民族区域自治是国家的一项基本政治制度。

7月28日—8月12日 中国体育代表团参加在美国洛杉矶举行的第 23 届奥运会，实现中国在奥运会金牌榜上"零"的突破。这是 1979 年 11 月 26 日中国奥委会在国际奥委会中的合法权利得到恢复后，首次派体育代表团参加奥运会。

10 月 1 日　首都举行庆祝中华人民共和国成立 35 周年阅兵仪式和群众游行。邓小平检阅受阅部队并发表讲话。

10 月 13 日　国务院发出《关于农民进入集镇落户问题的通知》，要求积极支持有经营能力和有技术专长的农民进入集镇经营工商业，并放宽其落户政策。

10 月 20 日　中共十二届三中全会通过《关于经济体制改革的决定》，规定以城市为重点的经济体制改革的任务、性质和各项方针政策；提出社会主义经济是公有制基础上的有计划的商品经济。

12 月 3 日　中共中央、国务院作出《关于严禁党政机关和党政干部经商、办企业的决定》。

12 月 19 日　中英两国政府在北京正式签署《中华人民共和国政府和大不列颠及北爱尔兰联合王国政府关于香港问题的联合声明》，确认中国政府于 1997 年 7 月 1 日对香港恢复行使主权。

一九八五年

1月1日　中共中央、国务院印发《关于进一步活跃农村经济的十项政策》，决定改革农产品统购派购制度，从1985年起实行合同定购和市场收购。

2月18日　中共中央、国务院批转《长江、珠江三角洲和闽南厦漳泉三角地区座谈会纪要》，决定在长江三角洲、珠江三角洲和厦漳泉三角地区开辟沿海经济开放区。

2月20日　中国第一个南极考察站——长城站在南极乔治王岛建成。此后，我国又陆续建成南极中山站、昆仑站、泰山站。

3月4日　邓小平在会见外宾时指出，现在世界上真正大的问题，带全球性的战略问题，一个是和平问题，一个是发展问题。和平问题是东西问题，发展问题是南北问题。概括起来，就是东西南北四个字。南北问题是核心问题。

3月7日　邓小平在全国科技工作会议上讲话指出，我们在建设具有中国特色的社会主义社会时，一定要坚持发展物质文明和精神文明，坚持五讲四美三热爱，教育全国人民做到有理想、有道德、有文化、有纪律。这四条里面，理想和纪律特别重要。

3月13日　中共中央作出《关于科学技术体制改革的决

定》,提出经济建设必须依靠科学技术、科学技术工作必须面向经济建设的战略方针。

3月28日 邓小平在会见外宾时指出,改革是中国的第二次革命。

4月1日 我国开始实行出口退税制度。

5月19日 邓小平在全国教育工作会议上讲话指出,我们国家,国力的强弱,经济发展后劲的大小,越来越取决于劳动者的素质,取决于知识分子的数量和质量。一个10亿人口的大国,教育搞上去了,人才资源的巨大优势是任何国家比不了的。有了人才优势,再加上先进的社会主义制度,我们的目标就有把握达到。

5月23日—6月6日 中央军委召开扩大会议。邓小平在会上宣布:中国人民解放军减少员额100万。会议作出军队建设指导思想实行战略性转变的重大决策。

5月27日 中共中央作出《关于教育体制改革的决定》,阐明教育体制改革的措施、步骤和目的,提出有步骤地实行九年制义务教育,大力发展职业技术教育,改革高等学校招生计划和毕业生分配制度,扩大高等学校办学自主权。

5月 中共中央、国务院批准实施旨在依靠科学技术促进农村经济发展的"星火计划"。

6月1日 国务院批转国家物价局《关于价格改革出台情况及稳定物价措施的报告》。

6月4日 邓小平在中央军委扩大会议上讲话指出,党的十一届三中全会以后,我们对国际形势的判断有变化,对外政策也有变化,这是两个重要的转变。第一个转变,改变了原来认为战争的危险很迫近的看法。第二个转变,改变了针对苏联霸权主义的威胁实行的"一条线"战略。

6月9日—15日 首次全国法制宣传教育工作会议通过《关于向全体公民基本普及法律常识的五年规划》。至2018年,共实施7个五年普法规划。

9月23日 中国共产党全国代表会议通过《关于制定国民经济和社会发展第七个五年计划的建议》。1986年4月12日,六届全国人大四次会议批准《中华人民共和国国民经济和社会发展第七个五年计划》。

一九八六年

1 月 17 日　邓小平在中共中央政治局常委会会议上讲话指出，搞四个现代化一定要有两手，只有一手是不行的。要一手抓建设，一手抓法制。经济建设这一手我们搞得相当有成绩。但风气如果坏下去，会在另一方面变质。抓精神文明建设，抓党风、社会风气好转，必须狠狠地抓，一天不放松地抓，从具体事件抓起。

3 月 5 日　邓小平对王大珩、王淦昌、杨嘉墀、陈芳允四位科学家提出的关于跟踪研究外国高技术发展的建议作出批示。此后，邓小平又多次就发展高技术问题作出批示。11 月 18 日，中共中央、国务院转发《高技术研究发展计划纲要》。这个计划因邓小平首次批示的时间为 1986 年 3 月，又称"八六三"计划。

4 月 12 日　六届全国人大四次会议通过《中华人民共和国民法通则》、《中华人民共和国义务教育法》、《中华人民共和国外资企业法》。

5 月 14 日　国务院贫困地区经济开发领导小组第一次全体会议提出，争取在"七五"期间解决大多数贫困地区人民的温饱问题，并提出贫困地区实行新的经济开发方式的 10 点意见。

7 月 12 日　国务院发布《国营企业实行劳动合同制暂行规定》、《国营企业招用工人暂行规定》、《国营企业辞退违纪职工暂行规定》和《国营企业职工待业保险暂行规定》。这是新中国成立以来劳动制度的一次重大改革。

8 月 10 日　解放军总参谋部、总政治部、总后勤部发出通知,规定预备役部队正式列入人民解放军建制序列。

9 月 28 日　中共十二届六中全会通过《关于社会主义精神文明建设指导方针的决议》,阐明社会主义精神文明建设的战略地位、根本任务和基本指导方针;指出现阶段我国各族人民的共同理想是建设有中国特色的社会主义,把我国建设成为高度文明、高度民主的社会主义现代化国家。

10 月 11 日　国务院发布《关于鼓励外商投资的规定》,鼓励外国投资者在中国境内举办中外合资经营企业、中外合作经营企业和外资企业。

12 月 2 日　六届全国人大常委会第十八次会议通过《中华人民共和国企业破产法(试行)》。2006 年 8 月 27 日,十届全国人大常委会第二十三次会议通过《中华人民共和国企业破产法》。

12 月 5 日　国务院作出《关于深化企业改革增强企业活力的若干规定》。指出,全民所有制小型企业可积极试行租赁、承包经营,全民所有制大中型企业要实行多种形式的经营责任制,各地可以选择少数有条件的全民所有制大中型企业进行股份制试点。

12 月 30 日　邓小平在同几位中央负责同志谈话时指

出,要旗帜鲜明地坚持四项基本原则,反对资产阶级自由化。1987 年 1 月 28 日,中共中央发出《关于当前反对资产阶级自由化若干问题的通知》。

一九八七年

4 月 13 日　中葡两国政府在北京正式签署《中华人民共和国政府和葡萄牙共和国政府关于澳门问题的联合声明》,确认中国政府于 1999 年 12 月 20 日对澳门恢复行使主权。

4 月 17 日　中共中央、国务院批转中央统战部、国家民委《关于民族工作几个重要问题的报告》,阐述新时期民族工作总的指导思想和根本任务。

10 月 25 日—11 月 1 日　中国共产党第十三次全国代表大会举行。大会通过的报告《沿着有中国特色的社会主义道路前进》,阐述了社会主义初级阶段理论,提出了党在社会主义初级阶段的基本路线,制定了到 21 世纪中叶分三步走、实现现代化的发展战略。

11 月 2 日　中共十三届一中全会选举赵紫阳为中央委员会总书记,决定邓小平为中央军委主席,批准陈云为中央顾问委员会主任,批准乔石为中央纪委书记。

11 月 24 日　六届全国人大常委会第二十三次会议通过《中华人民共和国村民委员会组织法(试行)》。1998 年 11 月 4 日,九届全国人大常委会第五次会议通过《中华人民共和国村民委员会组织法》。

12 月 1 日　深圳经济特区启动全国首次国有土地使用权拍卖。

一九八八年

2月25日　国务院印发《关于在全国城镇分期分批推行住房制度改革的实施方案》。1994年7月18日,国务院印发《关于深化城镇住房制度改革的决定》,住房供应管理逐步由单位化向社会化、专业化改变。1998年7月3日,国务院印发《关于进一步深化城镇住房制度改革加快住房建设的通知》,提出停止住房实物分配,逐步实行住房分配货币化。

3月18日　国务院发出《关于扩大沿海经济开放区范围的通知》,决定新划入沿海开放区140个市、县,包括杭州、南京、沈阳3个省会城市。此后,国务院又相继决定开放了一批沿江、沿边、内陆和省会城市,形成了多层次、多渠道、全方位开放格局。

3月24日—4月10日　全国政协七届一次会议举行。会议选举李先念为全国政协主席。

3月25日—4月13日　七届全国人大一次会议通过宪法修正案,将"国家允许私营经济在法律规定的范围内存在和发展。私营经济是社会主义公有制经济的补充。国家保护私营经济的合法的权利和利益,对私营经济实行引导、监督和管理"以及"土地的使用权可以依照法律的规定转让"等规定载入宪法;通过《中华人民共和国全民所有制工业企业法》、

《中华人民共和国中外合作经营企业法》等；决定设立海南省、建立海南经济特区；批准国务院机构改革方案，此后第一次对各部门进行"定职能、定机构、定编制"的"三定"工作。会议选举杨尚昆为国家主席，万里为全国人大常委会委员长，邓小平为国家中央军委主席，决定李鹏为国务院总理。

4月27日 中央军委颁发《中国人民解放军文职干部暂行条例》。实行文职干部制度在人民解放军的历史上是第一次，是对军队干部制度的一项重大改革。

7月1日 七届全国人大常委会第二次会议通过《中国人民解放军军官军衔条例》，人民解放军实行新的军衔制。12月17日，《中国人民武装警察部队实行警官警衔制度的具体办法》发布，武警部队实行警官警衔制。这是军队革命化现代化正规化建设的一项重大举措。

8月 国务院批准实施旨在发展高新技术产业的"火炬计划"。

9月5日 邓小平在会见外宾时指出，马克思说过，科学技术是生产力，事实证明这话讲得很对。依我看，科学技术是第一生产力。

同日 七届全国人大常委会第三次会议通过《中国人民解放军现役军官服役条例》。2000年12月28日，九届全国人大常委会第十九次会议通过《中华人民共和国现役军官法》。

9月12日 邓小平在听取工作汇报时，提出"两个大局"思想。指出，沿海地区要加快对外开放，使这个拥有两亿人口的广大地带较快地先发展起来，从而带动内地更好地发展，这是一个事关大局的问题。内地要顾全这个大局。反过来，发展到一定的时候，又要求沿海拿出更多力量来帮助内地发展，这也是个大局。那时沿海也要服从这个大局。

9月14日—27日 我国自行研制的导弹核潜艇在东海海域进行水下发射运载火箭试验并取得成功。

9月23日 国务院、中央军委颁布《中国人民解放军现役士兵服役条例》，确定实行新的士兵军衔制度，志愿兵的军衔称士官。1993年4月27日、1999年6月30日、2010年7月26日，国务院、中央军委先后三次修订《中国人民解放军现役士兵服役条例》。

10月16日 我国第一座高能加速器——北京正负电子对撞机对撞成功。24日，邓小平在视察正负电子对撞机工程时指出，中国必须发展自己的高科技，在世界高科技领域占有一席之地。

一九八九年

年初 东欧波兰等国和苏联先后发生社会动荡,至 20 世纪 90 年代初,苏联和东欧的南斯拉夫、罗马尼亚、波兰、匈牙利、保加利亚、民主德国、捷克斯洛伐克、阿尔巴尼亚等社会主义国家的政治和经济制度发生根本性变化。苏联等国解体。民主德国并入联邦德国。第二次世界大战结束后形成的世界格局发生重大变化。9 月 4 日,邓小平在同几位中央负责同志谈话时指出,中国肯定要沿着自己选择的社会主义道路走到底。只要中国不垮,世界上就有五分之一的人口在坚持社会主义。我们对社会主义的前途充满信心。对于国际局势,要冷静观察,稳住阵脚,沉着应付。要埋头实干,做好一件事,我们自己的事。

4 月 4 日 七届全国人大二次会议通过《中华人民共和国行政诉讼法》。

春夏之交 北京和其他一些城市发生政治风波,党和政府依靠人民,旗帜鲜明地反对动乱,平息在北京发生的反革命暴乱,捍卫了社会主义国家政权,维护了人民的根本利益,保证了改革开放和社会主义现代化建设继续前进。6 月 9 日,邓小平在接见首都戒严部队军以上干部时指出,北京发生的政治风波是国际的大气候和中国自己的小气候所决定的,强调党的十一届三中全会以来制定的基本路线、方针、政策和发展战略是正确的,要坚定不移地干下去。

5月16日 邓小平会见来访的苏联最高苏维埃主席团主席、苏共中央总书记戈尔巴乔夫,中苏关系实现正常化。

6月16日 邓小平在同几位中央负责同志谈话时指出,任何一个领导集体都要有一个核心,没有核心的领导是靠不住的。并指出,我们要一手抓改革开放,一手抓惩治腐败,把这两件事结合起来。

6月23日—24日 中共十三届四中全会举行。全会通过《关于赵紫阳同志在反党反社会主义的动乱中所犯错误的报告》,选举江泽民为中央委员会总书记。24日,江泽民在全会上讲话指出,在对待党的十一届三中全会以来的路线和基本政策这个最基本的问题上,要明确两句话:一句是坚定不移,毫不动摇;一句是全面执行,一以贯之。

7月27日—28日、8月28日 中共中央政治局举行全体会议,通过《关于近期做几件群众关心的事的决定》、《关于加强宣传、思想工作的通知》和《关于加强党的建设的通知》。

9月16日 邓小平在会见美籍华人李政道时指出,搞改革开放有两只手,不要只用一只手,改革是一只手,反对资产阶级自由化也是一只手。有时这只手重些,有时另一只手重些,要根据实际情况。

10月31日 邓小平在会见美国前总统尼克松谈到美国对华制裁问题时指出,结束过去,美国应该采取主动,也只能由美国采取主动。要中国来乞求,办不到。哪怕拖一百年,中国人也不会乞求取消制裁。强调,人们支持人权,但不要忘记还有一个国权。谈到人格,但不要忘记还有一个国格。

10 月　中共中央政治局常委会会议专题研究西藏工作,形成了关于西藏工作的十条意见,为西藏的建设和发展指明了方向。

11 月 6 日—9 日　中共十三届五中全会召开。全会同意邓小平辞去中央军委主席,决定江泽民为中央军委主席。

12 月 26 日　七届全国人大常委会第十一次会议通过《中华人民共和国城市居民委员会组织法》。

12 月 30 日　中共中央制定《关于坚持和完善中国共产党领导的多党合作和政治协商制度的意见》,指出"长期共存、互相监督、肝胆相照、荣辱与共"是中国共产党同各民主党派合作的基本方针,明确中国共产党领导的多党合作和政治协商制度是我国一项基本政治制度。

一九九〇年

3月3日　邓小平同江泽民等谈话时提出,中国社会主义农业的改革和发展,从长远的观点看,要有两个飞跃。第一个飞跃,是废除人民公社,实行家庭联产承包为主的责任制。第二个飞跃,是适应科学种田和生产社会化的需要,发展适度规模经营,发展集体经济。

3月12日　中共十三届六中全会通过《关于加强党同人民群众联系的决定》。

4月4日　七届全国人大三次会议通过《中华人民共和国香港特别行政区基本法》、《全国人民代表大会关于〈中华人民共和国香港特别行政区基本法〉的决定》、《全国人民代表大会关于设立香港特别行政区的决定》。

4月12日　中共中央政治局会议原则通过国务院提交的浦东开发开放方案。

4月　中国政府首次向联合国停战监督组织派遣5名军事观察员,开启中国参加联合国维和行动的序幕。1992年4月,中国政府首次向联合国柬埔寨临时权力机构派出400人的维和工程兵大队,开创我军成建制参加联合国维和行动的先河。

9月1日　中国大陆兴建最早的高速公路——沈大高速

公路（沈阳至大连）正式通车。截至 2017 年年底，全国高速公路通车里程达 13.65 万公里。

11 月 26 日　新中国成立以来在中国大陆开业的第一家证券交易所——上海证券交易所正式成立。12 月 19 日，上海证券交易所正式开业。1991 年 7 月 3 日，深圳证券交易所正式开业。

12 月 1 日　江泽民在全军军事工作会议上提出"政治合格、军事过硬、作风优良、纪律严明、保障有力"的军队建设"五句话"总要求。

12 月 24 日　邓小平同中央负责同志谈话时指出，我们必须从理论上搞懂，资本主义与社会主义的区分不在于是计划还是市场这样的问题。社会主义也有市场经济，资本主义也有计划控制。不要以为搞点市场经济就是资本主义道路。计划和市场都得要。

12 月 30 日　中共十三届七中全会通过《关于制定国民经济和社会发展十年规划和"八五"计划的建议》。1991 年 4 月 9 日，七届全国人大四次会议批准《中华人民共和国国民经济和社会发展十年规划和第八个五年计划纲要》。

一九九一年

3月6日 国务院发出《关于批准国家高新技术产业开发区和有关政策规定的通知》，决定继1988年批准北京市新技术产业开发试验区之后，在各地已建立的高新技术产业开发区中，再选定武汉东湖新技术开发区等26个开发区作为国家高新技术产业开发区。

3月23日 江泽民在参加七届全国人大四次会议、全国政协七届四次会议党员负责同志会议上讲话指出，人民通过选举、投票行使权利和人民内部各方面在选举和投票之前进行充分协商，尽可能就共同性问题取得一致意见，是我国社会主义民主的两种重要形式。两种形式比一种形式好，更能真实体现社会主义社会人民当家作主的权利。

5月16日 中苏两国签署《中苏国界东段协定》。1994年9月3日，中俄两国签署《中俄国界西段协定》。2004年10月14日，中俄两国签署《中俄国界东段补充协定》。至此，两国边界线走向全部确定。

6月26日 国务院作出《关于企业职工养老保险制度改革的决定》。1997年7月16日，国务院作出《关于建立统一的企业职工基本养老保险制度的决定》。2005年12月3日，国务院作出《关于完善企业职工基本养老保险制度的决定》。

11 月 29 日 中共十三届八中全会通过《关于进一步加强农业和农村工作的决定》。指出，要把以家庭联产承包为主的责任制、统分结合的双层经营体制作为我国乡村集体经济组织的一项基本制度长期稳定下来，并不断充实完善。

12 月 15 日 我国第一座自行设计、自行建造的核电站——秦山核电站并网发电。

一九九二年

1月14日 江泽民在中央民族工作会议上讲话指出,要巩固和发展平等、团结、互助的社会主义民族关系,坚持和完善民族区域自治制度,坚决维护祖国统一。强调,西藏自古以来就是中国的领土。闹独立不行,半独立、变相独立也不行。

1月18日—2月21日 邓小平视察武昌、深圳、珠海、上海等地并发表谈话,明确回答长期困扰和束缚人们思想的许多重大认识问题。指出,坚持党的十一届三中全会以来的路线、方针、政策,关键是坚持"一个中心、两个基本点",基本路线要管一百年;判断姓"社"姓"资"的标准,应该主要看是否有利于发展社会主义社会的生产力,是否有利于增强社会主义国家的综合国力,是否有利于提高人民的生活水平;要抓住时机,发展自己,发展才是硬道理。特别强调,计划多一点还是市场多一点,不是社会主义与资本主义的本质区别。社会主义的本质,是解放生产力,发展生产力,消灭剥削,消除两极分化,最终达到共同富裕。这次谈话是把改革开放和现代化建设推进到新阶段的又一个解放思想、实事求是的宣言书。

2月25日 七届全国人大常委会第二十四次会议通过《中华人民共和国领海及毗连区法》。

3月8日 国务院颁布《国家中长期科学技术发展纲

领》,提出动员和吸引大部分科技力量投身于国民经济建设主战场。

6月9日 江泽民在中央党校省部级干部进修班上作《深刻领会和全面落实邓小平同志的重要谈话精神,把经济建设和改革开放搞得更快更好》的讲话,主张我国经济体制改革的目标使用"社会主义市场经济体制"这一提法。

6月16日 中共中央、国务院作出《关于加快发展第三产业的决定》。指出,加快发展第三产业的目标是:争取用10年左右或更长一些时间,逐步建立起适合我国国情的社会主义统一市场体系、城乡社会化综合服务体系和社会保障体系。

10月12日—18日 中国共产党第十四次全国代表大会举行。大会通过的报告《加快改革开放和现代化建设步伐,夺取有中国特色社会主义事业的更大胜利》,总结党的十一届三中全会以来14年的实践经验,决定抓住机遇,加快发展;确定我国经济体制改革的目标是建立社会主义市场经济体制;提出用邓小平同志建设有中国特色社会主义理论武装全党。大会通过《中国共产党章程(修正案)》,将邓小平同志建设有中国特色社会主义的理论和党在社会主义初级阶段的基本路线写入党章。

10月19日 中共十四届一中全会选举江泽民为中央委员会总书记,决定江泽民为中央军委主席,批准尉健行为中央纪委书记。

11月 海峡两岸关系协会与台湾海峡交流基金会,就解决两岸事务性商谈中如何表述坚持一个中国原则的问题,达成各自以口头方式表述"海峡两岸均坚持一个中国原则"的共识,后被称为"九二共识"。1993 年 4 月 27 日至 29 日,海协会会长汪道涵和台湾海基会董事长辜振甫在新加坡举行会谈并签订《汪辜会谈共同协议》等四项协议。这是两岸受权民间机构领导人的第一次会谈。

一九九三年

1月13日—19日　中央军委扩大会议制定新时期积极防御的军事战略方针,要求把军事斗争准备的基点放在打赢现代技术特别是高技术条件下的局部战争上。2004年6月召开的中央军委扩大会议提出,必须明确把军事斗争准备的基点放到打赢信息化条件下的局部战争上。

2月13日　中共中央、国务院印发《中国教育改革和发展纲要》。指出,到20世纪末,我国要实现基本普及九年义务教育,基本扫除青壮年文盲。2000年年底,如期实现"两基"目标。2011年年底,全面完成普及九年义务教育和扫除青壮年文盲战略任务,我国加速从人口大国向人力资源强国迈进。

2月15日　国务院发出《关于加快粮食流通体制改革的通知》。

3月5日—7日　中共十四届二中全会举行。全会通过《关于党政机构改革的方案》。

3月14日—27日　全国政协八届一次会议举行。会议选举李瑞环为全国政协主席。

3月15日—31日　八届全国人大一次会议举行。会议选举江泽民为国家主席、国家中央军委主席,乔石为全国人大常委会委员长,决定李鹏为国务院总理。

3月29日　八届全国人大一次会议通过《中华人民共和国宪法修正案》,肯定家庭联产承包为主的责任制是社会主义劳动群众集体所有制经济。

3月31日　八届全国人大一次会议通过《中华人民共和国澳门特别行政区基本法》、《全国人民代表大会关于〈中华人民共和国澳门特别行政区基本法〉的决定》、《全国人民代表大会关于设立中华人民共和国澳门特别行政区的决定》。

7月1日　国家教委印发《关于重点建设一批高等学校和重点学科点的若干意见》,提出面向21世纪重点建设100所大学和一批重点学科点的计划,简称"211工程"。1998年5月,教育部决定努力建设若干所世界一流大学和一批国际知名的高水平研究型大学,简称"985工程"。

7月2日　八届全国人大常委会第二次会议通过《中华人民共和国科学技术进步法》、《中华人民共和国农业法》。

8月21日　江泽民在中共十四届中央纪委二次全会上讲话指出,惩治腐败,要作为一个系统工程来抓,标本兼治,综合治理,持之以恒。

11月7日　江泽民在全国统战工作会议上讲话指出,要继续巩固和发展社会主义的民族关系,坚持和完善民族区域自治制度,加快民族地区的经济发展和社会进步;要全面、正确地贯彻执行党的宗教政策,依法加强对宗教事务的管理,积极引导宗教与社会主义社会相适应。

11月14日　中共十四届三中全会通过《关于建立社会主义市场经济体制若干问题的决定》,勾画了社会主义市场经济体制的基本框架。指出，社会主义市场经济体制是同社会主义基本制度结合在一起的，建立社会主义市场经济体制，就是要使市场在国家宏观调控下对资源配置起基础性作用。

11 月 20 日 江泽民出席在美国西雅图举行的亚太经济合作组织第一次领导人非正式会议并发表讲话。

12 月 15 日 国务院作出《关于实行分税制财政管理体制的决定》，确定从 1994 年 1 月 1 日起改革地方财政包干体制，对各省、自治区、直辖市以及计划单列市实行分税制财政管理体制。

12 月 25 日 国务院作出《关于金融体制改革的决定》，提出建立在国务院领导下，独立执行货币政策的中央银行宏观调控体系；建立政策性金融与商业性金融相分离，以国有商业银行为主体，多种金融机构并存的金融组织体系；建立统一开放、有序竞争、严格管理的金融市场体系。

同日 国务院批转国家税务总局《工商税制改革实施方案》，确定从 1994 年 1 月 1 日起实施建国以来规模最大、范围最广泛、内容最深刻的一次税制改革。

一九九四年

1月11日 国务院作出《关于进一步深化对外贸易体制改革的决定》。指出,我国外贸体制改革的目标是:统一政策、放开经营、平等竞争、自负盈亏、工贸结合、推行代理制,建立适应国际经济通行规则的运行机制。

1月24日 江泽民在全国宣传思想工作会议上讲话指出,宣传思想工作要以科学的理论武装人,以正确的舆论引导人,以高尚的精神塑造人,以优秀的作品鼓舞人。

2月28日—3月3日 国务院召开全国扶贫开发工作会议,部署实施"国家八七扶贫攻坚计划",要求力争在 20 世纪末最后的 7 年内基本解决全国 8000 万贫困人口的温饱问题。

3月25日 国务院常务会议通过《中国 21 世纪议程》,确定实施可持续发展战略。

7月5日 八届全国人大常委会第八次会议通过《中华人民共和国劳动法》。

7月20日—23日 中共中央、国务院召开第三次西藏工作座谈会,作出中央政府关心西藏、全国各地支援西藏的重大决策,确定在西藏直接投资建设 62 项工程,15 个对口支援省(市)和中央各部委无偿援建 716 个项目,形成了国家直接投资西藏建设项目、中央政府实行财政补贴、全国进行对口支援的全方位支援西藏现代化建设的格局。此后，中央不断采取有力措施加大对西藏现代化发展的支持力度。

8月31日 八届全国人大常委会第九次会议决定，港英最后一届立法局、市政局和区域市政局、区议会于1997年6月30日终止。由香港特别行政区筹备委员会根据《全国人民代表大会关于香港特别行政区第一届政府和立法会产生办法的决定》，负责筹备成立香港特别行政区的有关事宜，规定香港特别行政区第一届立法会的具体产生办法，组建香港特别行政区第一届立法会。

9月28日 中共十四届四中全会通过《关于加强党的建设几个重大问题的决定》，把党的建设提到新的伟大工程的高度。

10月25日 国务院发出《关于在若干城市试行国有企业破产有关问题的通知》。

11月2日—4日 国务院召开全国建立现代企业制度试点工作会议，确定在企业开展以"产权清晰、权责明确、政企分开、管理科学"为特征的现代企业制度试点工作。

一九九五年

1月30日 江泽民在中共中央台湾工作办公室等单位举办的新春茶话会上,就现阶段发展两岸关系、推进祖国和平统一进程的若干重要问题提出八项主张。

2月9日 中共中央颁发《党政领导干部选拔任用工作暂行条例》。2014年1月14日,中共中央颁发修订后的《党政领导干部选拔任用工作条例》。

3月18日 八届全国人大三次会议通过《中华人民共和国教育法》。

3月25日 国务院决定修改职工工作时间。自5月1日起,职工每周工作40小时。

5月6日 中共中央、国务院作出《关于加速科学技术进步的决定》,确定实施科教兴国战略。26日,江泽民在全国科学技术大会上讲话指出,创新是一个民族进步的灵魂,是一个国家兴旺发达的不竭动力。我们必须在学习、引进国外先进技术的同时,坚持不懈地着力提高国家的自主研究开发能力。

9月28日 中共十四届五中全会通过《关于制定国民经济和社会发展"九五"计划和2010年远景目标的建议》。提出,实行经济体制从传统的计划经济体制向社会主义市场经济体制转变,经济增长方式从粗放型向集约型转变这两个具有全局意义的根本性转变。1996 年 3 月 17 日，八届全国人大四次会议批准《中华人民共和国国民经济和社会发展"九五"计划和 2010 年远景目标纲要》。

同日 江泽民在中共十四届五中全会闭幕会上讲话，系统阐述了正确处理改革、发展、稳定关系等社会主义现代化建设中的 12 个重大关系。

11 月 29 日 第十世班禅转世灵童经金瓶掣签认定，国务院特准坚赞诺布继任第十一世班禅额尔德尼。

1995 年 国民生产总值达到 57600 多亿元，原定 2000 年比 1980 年翻两番的目标，提前 5 年实现。1997 年，又提前实现人均国民生产总值翻两番的目标。

一九九六年

3月8日—25日　为显示中国人民完全有决心、有办法、有能力维护祖国统一,震慑"台独"势力,我军向东海、南海进行发射导弹训练,并在东海、南海进行海空实弹演习和在台湾海峡进行陆海空军联合演习。1998 年 6 月 30 日,美国总统克林顿在访华期间参加与上海市民的座谈时公开重申,美国不支持"台湾独立",不支持"一中一台"、"两个中国",不支持台湾加入任何必须由主权国家才能参加的国际组织。

3月19日　中共中央政治局常委会会议专题研究新疆稳定工作。1997 年,中央开始从内地省市、国家机关和国有重要企业派出一批骨干力量到新疆工作。此后,对口支援新疆的力度不断加大。

4月5日　中共中央印发《中国共产党地方委员会工作条例(试行)》。2015 年 12 月 25 日,中共中央印发《中国共产党地方委员会工作条例》。

10月10日　中共十四届六中全会通过《关于加强社会主义精神文明建设若干重要问题的决议》。指出,社会主义社会是全面发展、全面进步的社会,社会主义现代化事业是物质文明和精神文明协调发展的事业。

10 月 29 日　八届全国人大常委会第二十二次会议通过《中华人民共和国乡镇企业法》。

一九九七年

1 月 15 日 中共中央、国务院作出《关于卫生改革与发展的决定》。指出,新时期卫生工作的方针是:以农村为重点,预防为主,中西医并重,依靠科技与教育,动员全社会参与,为人民健康服务,为社会主义现代化建设服务。

2 月 19 日 邓小平逝世。

3 月 14 日 八届全国人大五次会议通过《中华人民共和国国防法》。

同日 八届全国人大五次会议决定批准设立重庆直辖市,撤销原重庆市。

3 月 28 日 中共中央颁发《中国共产党党员领导干部廉洁从政若干准则(试行)》。2010 年 1 月 18 日,中共中央颁发《中国共产党党员领导干部廉洁从政若干准则》。

4 月 15 日 中共中央、国务院印发《关于进一步加强土地管理切实保护耕地的通知》,国家正式确立土地用途管理制度。2006 年 7 月 13 日,国务院办公厅印发《关于建立国家土地督察制度有关问题的通知》,正式建立国家土地督察制度。

6 月 4 日 国家科技领导小组第三次会议决定制定和实施《国家重点基础研究发展规划》。随后,科技部组织实施国家重点基础研究发展计划(又称"九七三计划")。

6月30日午夜—7月1日凌晨 中英两国政府香港政权交接仪式在香港举行,宣告中国政府对香港恢复行使主权,中华人民共和国香港特别行政区成立。交接仪式后,举行中华人民共和国香港特别行政区成立暨特区政府宣誓就职仪式。中国人民解放军驻港部队于7月1日零时开始履行香港防务职责。

7月 在国际游资攻击及资本恐慌性出逃等因素影响下,亚洲金融危机爆发。12月6日,中共中央、国务院发出《关于深化金融改革,整顿金融秩序,防范金融风险的通知》。

8月29日 中共中央决定开除原中央政治局委员、北京市委书记陈希同党籍,对其涉嫌犯罪问题移送司法机关依法处理。

9月2日 国务院发出《关于在全国建立城市居民最低生活保障制度的通知》。

9月12日—18日 中国共产党第十五次全国代表大会举行。大会通过的报告《高举邓小平理论伟大旗帜,把建设有中国特色社会主义事业全面推向二十一世纪》,着重阐述了邓小平理论的历史地位和指导意义;提出党在社会主义初级阶段的基本纲领,明确公有制为主体、多种所有制经济共同发展是我国社会主义初级阶段的一项基本经济制度;强调依法治国,建设社会主义法治国家;明确我国改革开放和现代化建设跨世纪发展的宏伟目标。指出,展望下世纪,我们的目标是,第一个十年实现国民生产总值比2000年翻一番,使人民的小康生活更加宽裕,形成比较完善的社会主义市场经济体制;再经过十年的努力,到建党一百年时,使国民经济更加发展,各项制度更加完善;到世纪中叶建国一百年时,基本实现现代化,建成富强民主文明的社会主义国家。大会通过关于《中国共产党章程修正案》的决议,把邓小平理论同马克思列宁主义、毛泽东思想一道确立为党的指导思想并载入党章。

9月12日 江泽民在中共十五大报告中宣布:在20世纪80年代裁减军队员额100万的基础上,我国将在今后3年内再裁减军队员额50万。2003年9月1日,江泽民在出席庆祝国防科学技术大学成立50周年大会时宣布:在"九五"期间裁减军队员额50万的基础上,2005年前我军再裁减员额20万。

9月19日 中共十五届一中全会选举江泽民为中央委员会总书记,决定江泽民为中央军委主席,批准尉健行为中央纪委书记。

11月8日 长江三峡水利枢纽工程成功实现大江截流。2012年7月4日,三峡工程最后一台70万千瓦巨型机组正式交付投产。

12月15日 江泽民在马来西亚吉隆坡出席首次东盟与中、日、韩首脑非正式会晤。16日,江泽民出席中国—东盟首脑非正式会晤。

12月24日 江泽民在会见全国外资工作会议代表时讲话指出,"引进来"和"走出去",是我们对外开放基本国策两个紧密联系、相互促进的方面,缺一不可。这是一个大战略。

12 月 中央军委召开扩大会议,提出"打得赢"、"不变质"两个历史性课题。会议制定了国防和军队现代化建设"三步走"的发展战略。

一九九八年

1月　全国林业计划会议宣布,从1998年起,国家将实施以调减木材产量、保护资源、分流人员、提高效益为主要内容的国有林区天然林保护工程。2000年10月,我国全面实施天然林资源保护工程。

2月25日—26日　中共十五届二中全会举行。全会通过《国务院机构改革方案》。3月10日,九届全国人大一次会议批准《国务院机构改革方案》。

3月3日—14日　全国政协九届一次会议举行。会议选举李瑞环为全国政协主席。

3月5日—19日　九届全国人大一次会议举行。会议选举江泽民为国家主席、国家中央军委主席,李鹏为全国人大常委会委员长,决定朱镕基为国务院总理。

6月9日　中共中央、国务院发出《关于切实做好国有企业下岗职工基本生活保障和再就业工作的通知》。

6月26日　九届全国人大常委会第三次会议通过《中华人民共和国专属经济区和大陆架法》。

6月中旬—9月上旬　我国南方特别是长江流域及北方的嫩江、松花江流域出现历史上罕见的特大洪灾。全党全军全国人民团结奋战,取得了抗洪抢险斗争的全面胜利。9月

28日,江泽民在全国抗洪抢险总结表彰大会上阐述了抗洪精神。

7月 中共中央作出决定,军队、武警部队、政法机关一律不再从事经商活动。

8月28日 江泽民在第九次驻外使节会议上讲话指出,经济全球化是世界经济发展的客观趋势,对我国的发展有利也有弊。不能看到有风险、有不利因素,就因噎废食,不敢参与进去,同时又要对风险保持清醒认识,坚持独立自主,加强防范工作,增强抵御和化解能力。

10月14日 中共十五届三中全会通过《关于农业和农村工作若干重大问题的决定》,提出到2010年建设有中国特色社会主义新农村的奋斗目标。

11月21日 中共中央印发《关于在县级以上党政领导班子、领导干部中深入开展以"讲学习、讲政治、讲正气"为主要内容的党性党风教育的意见》。"三讲"教育到2000年年底基本结束。

12月7日 江泽民在中央经济工作会议上讲话,提出扩大国内需求,把经济发展建立在主要依靠国内市场的基础上。

12月14日 国务院作出《关于建立城镇职工基本医疗保险制度的决定》。

一九九九年

6月13日　中共中央、国务院作出《关于深化教育改革全面推进素质教育的决定》。提出，全面推进素质教育，培养适应21世纪现代化建设需要的社会主义新人。15日，江泽民在第三次全国教育工作会议上讲话指出，教育必须以提高国民素质为根本宗旨。

6月17日　江泽民在西安主持召开国有企业改革和发展座谈会时讲话指出，实施西部大开发，是一项振兴中华的宏伟战略任务。2000年10月26日，国务院发出《关于实施西部大开发若干政策措施的通知》。

8月20日　中共中央、国务院作出《关于加强技术创新，发展高科技，实现产业化的决定》。23日，江泽民在全国技术创新大会上讲话指出，必须把以科技创新为先导促进生产力发展的质的飞跃，摆在经济建设的首要地位。

8月24日　中共中央转发《关于改革开放和发展社会主义市场经济条件下军队思想政治建设若干问题的决定》，并发出通知指出，重视思想政治建设是我们党和军队的特有优势。党绝对领导下的人民军队，必须把思想政治建设摆在军队各项建设的首位，充分发挥政治工作生命线的作用。

9月22日　中共十五届四中全会通过《关于国有企业改

革和发展若干重大问题的决定》。指出,要从战略上调整国有经济布局,推进国有企业战略性改组,建立和完善现代企业制度,加强和改善企业管理,提高国有经济的控制力,使国有经济在关系国民经济命脉的重要行业和关键领域占支配地位。

同日 江泽民在庆祝中国人民政治协商会议成立50周年大会上讲话指出,人民政协50年不平凡的发展历程,可以归结为两大主题:团结和民主。这两大主题应该继续贯穿于人民政协的全部工作中。

10月1日 首都各界庆祝中华人民共和国成立50周年大会、阅兵仪式和群众游行举行。江泽民检阅受阅部队并发表讲话。

10月8日 中央军委颁布《中国人民解放军联勤条例》。2000年1月1日,全军按区域保障与建制保障相结合、通用保障与专用保障相结合,以军区为基础的联勤新体制正式启动。

12月19日午夜—20日凌晨 中葡两国政府澳门政权交接仪式在澳门举行,宣告中国政府对澳门恢复行使主权,中华人民共和国澳门特别行政区成立。交接仪式后,举行中华人民共和国澳门特别行政区成立暨特区政府宣誓就职仪式。中国人民解放军驻澳部队于20日零时开始履行澳门防务职责。

二〇〇〇年

2 月 25 日　江泽民在广东考察工作听取省委工作汇报时明确提出"三个代表"要求。指出,我们党所以赢得人民的拥护,是因为我们党在革命、建设、改革的各个历史时期,总是代表着中国先进生产力的发展要求,代表着中国先进文化的前进方向,代表着中国最广大人民的根本利益,并通过制定正确的路线方针政策,为实现国家和人民的根本利益而不懈奋斗。5 月 14 日,江泽民在上海主持召开江苏、浙江、上海党建工作座谈会时进一步指出,始终做到"三个代表",是我们党的立党之本、执政之基、力量之源。

3 月 2 日　中共中央、国务院发出《关于进行农村税费改革试点工作的通知》,要求通过试点,探索建立规范的农村税费制度和从根本上减轻农民负担的有效办法。农村税费改革是继实行家庭承包经营以来的又一重大改革。

3 月 15 日　九届全国人大三次会议通过《中华人民共和国立法法》。2015 年 3 月 15 日,十二届全国人大三次会议通过《全国人民代表大会关于修改〈中华人民共和国立法法〉的决定》。

6 月 13 日　中共中央、国务院印发《关于促进小城镇健康发展的若干意见》。

10 月 11 日 中共十五届五中全会通过《关于制定国民经济和社会发展第十个五年计划的建议》。2001 年 3 月 15 日,九届全国人大四次会议批准《中华人民共和国国民经济和社会发展第十个五年计划纲要》。

同日 江泽民在中共十五届五中全会上讲话指出,实行经济结构的战略性调整,推动两个根本性转变,保持国民经济持续快速健康发展,这就是新世纪之初我国经济发展的大思路。

同日 江泽民在中共十五届五中全会闭幕后的讲话中结合新疆的历史和现实,全面阐述打击民族分裂势力、宗教极端势力、恐怖势力,维护新疆稳定的各项工作。强调,保持民族地区、边疆地区稳定和发展,是一个很大的政治、很重要的大局,对国家长治久安和社会政治稳定具有十分重要的意义。

11 月 8 日 贵州省洪家渡水电站、引子渡水电站、乌江渡水电站扩机工程同时开工建设,我国西电东送工程全面启动。

二○○一年

1月10日 江泽民在全国宣传部长会议上讲话指出,要在全社会大力宣传和弘扬为实现社会主义现代化而不懈奋斗的精神,强调要把依法治国和以德治国紧密结合起来。

2月9日 国务院作出《关于2000年度国家科学技术奖励的决定》。自2000年起设立国家最高科学技术奖。

2月27日 博鳌亚洲论坛成立大会在海南博鳌举行。2002年4月12日至13日,博鳌亚洲论坛首届年会举行。

5月24日—25日 中央扶贫开发工作会议举行。会议指出,党中央、国务院确定的在20世纪末基本解决农村贫困人口温饱问题的战略目标已基本实现。会议明确了今后十年扶贫开发工作的大政方针和主要任务。6月13日,国务院印发《中国农村扶贫开发纲要(2001—2010年)》。

6月15日 中国、俄罗斯、哈萨克斯坦、吉尔吉斯斯坦、塔吉克斯坦、乌兹别克斯坦6国元首共同签署《上海合作组织成立宣言》,在中国、俄罗斯、哈萨克斯坦、吉尔吉斯斯坦、塔吉克斯坦5国元首会晤机制基础上正式建立上海合作组织,并将我国提出的以互信、互利、平等、协商、尊重多样文明、谋求共同发展为基本内容的"上海精神"写入成立宣言。2004年1月,上海合作组织秘书处在北京成立。

6 月 29 日 青藏铁路开工典礼在青海格尔木和西藏拉萨同时举行。2006 年 7 月 1 日,青藏铁路全线建成通车。

7 月 1 日 江泽民在庆祝中国共产党成立 80 周年大会上发表讲话,总结了党 80 年来的奋斗业绩和基本经验,阐述了"三个代表"重要思想。指出,"三个代表"要求,是我们党保持先进性、始终成为建设有中国特色社会主义坚强领导核心的基本要求。强调,改革开放以来,我国的社会阶层构成发生了新的变化,出现了民营科技企业的创业人员和技术人员、受聘于外资企业的管理技术人员、个体户、私营企业主、中介组织的从业人员、自由职业人员等社会阶层。他们也是有中国特色社会主义事业的建设者。

8 月 7 日 江泽民在北戴河同国防科技专家和社会科学专家座谈时讲话指出,做好人才工作,首先要确立人才资源是第一资源的思想。

9 月 26 日 中共十五届六中全会通过《关于加强和改进党的作风建设的决定》,提出作风建设"八个坚持、八个反对"的要求。

10 月 21 日 亚太经合组织第九次领导人非正式会议在上海举行。江泽民主持会议并讲话指出,只有使国际社会的广大成员都受益,经济全球化才能顺利地推进,世界经济才能持续稳定地发展。

11 月 10 日 在卡塔尔首都多哈举行的世界贸易组织第四届部长级会议以全体协商一致的方式,审议并通过中国加入世界贸易组织的决定。12 月 11 日,中国正式成为世界贸易组织成员,中国对外开放进入新的阶段。

12 月 10 日　江泽民在全国宗教工作会议上讲话指出，我国信仰各种宗教的群众有 1 亿多，他们也是建设有中国特色社会主义的积极力量。要全面贯彻党的宗教信仰自由政策，依法管理宗教事务，积极引导宗教与社会主义社会相适应，坚持独立自主自办的原则，巩固和发展党同宗教界的爱国统一战线。

二〇〇二年

1月10日 国务院西部开发办公室召开退耕还林工作电视电话会议,确定在过去两年试点工作的基础上,全面启动退耕还林工程。12月14日,国务院发布《退耕还林条例》。

6月29日 九届全国人大常委会第二十八次会议通过《中华人民共和国中小企业促进法》。2017年9月1日,十二届全国人大常委会第二十九次会议通过修订后的《中华人民共和国中小企业促进法》。

7月4日 西气东输一线工程(新疆轮南至上海)开工典礼举行。此后又建设了西气东输二线工程、三线工程。

8月29日 九届全国人大常委会第二十九次会议通过《中华人民共和国农村土地承包法》。

9月12日 江泽民在全国再就业工作会议上讲话,提出就业是民生之本。30日,中共中央、国务院发出《关于进一步做好下岗失业人员再就业工作的通知》,提出实施积极的就业政策。

10月19日 中共中央、国务院作出《关于进一步加强农村卫生工作的决定》。指出,到2010年,在全国农村基本建立起适应社会主义市场经济体制要求和农村经济社会发展水平的农村卫生服务体系和农村合作医疗制度。2008年6月底,新型农村合作医疗制度覆盖到全国 31 个省、自治区、直辖市。

11 月 8 日—14 日　中国共产党第十六次全国代表大会举行。大会通过的报告《全面建设小康社会,开创中国特色社会主义事业新局面》,总结过去 5 年的工作和 13 年的基本经验,提出全面建设小康社会的奋斗目标,阐述全面贯彻"三个代表"重要思想的根本要求。报告指出,综观全局,21 世纪头 20 年,对我国来说,是一个必须紧紧抓住并且可以大有作为的重要战略机遇期,我们要在本世纪头 20 年,集中力量,全面建设惠及十几亿人口的更高水平的小康社会。报告阐明,贯彻"三个代表"重要思想,关键在坚持与时俱进,核心在坚持党的先进性,本质在坚持执政为民。报告强调,发展社会主义民主政治,最根本的是要把坚持党的领导、人民当家作主和依法治国有机统一起来。大会通过关于《中国共产党章程(修正案)》的决议,把"三个代表"重要思想同马克思列宁主义、毛泽东思想、邓小平理论一道确立为党的指导思想并载入党章。

11 月 15 日　中共十六届一中全会选举胡锦涛为中央委员会总书记,决定江泽民为中央军委主席,批准吴官正为中央纪委书记。

同日　胡锦涛在中共十六届中央政治局常委同中外记者见面时强调,我们全党和全国各族人民将更加紧密地团结在一起,聚精会神搞建设,一心一意谋发展,把改革开放和现代化建设事业继续推向前进。

12 月 5 日—6 日　胡锦涛带领中共中央书记处成员到河

北省平山县西柏坡学习考察,重温毛泽东关于"两个务必"的重要论述,号召全党同志特别是领导干部大力发扬艰苦奋斗的作风。指出,坚持艰苦奋斗,根本目的就是要为最广大人民根本利益而不懈努力,不断把人民群众利益实现好、维护好、发展好。

12 月 27 日　南水北调工程开工典礼在北京人民大会堂和江苏省、山东省施工现场同时举行。2013 年 11 月 15 日,南水北调东线一期工程正式通水运行。

二〇〇三年

2月24—26日 中共十六届二中全会举行。全会通过《关于深化行政管理体制和机构改革的意见》。3月10日，十届全国人大一次会议批准根据这个意见形成的《国务院机构改革方案》。

3月3日—14日 全国政协十届一次会议举行。会议选举贾庆林为全国政协主席。

3月4日 胡锦涛在参加全国政协十届一次会议少数民族界委员联组讨论时指出，各民族共同团结奋斗、共同繁荣发展是新世纪新阶段民族工作的主题。

3月5日—18日 十届全国人大一次会议举行。会议选举胡锦涛为国家主席，江泽民为国家中央军委主席，吴邦国为全国人大常委会委员长，决定温家宝为国务院总理。

春 我国遭遇一场过去从未出现过的非典型肺炎重大疫情。全党全国人民在党中央、国务院的坚强领导下，坚持一手抓防治非典，一手抓经济建设，夺取了防治非典工作的重大胜利。7月28日，胡锦涛在全国防治非典工作会议上讲话，提出从长远看要进一步研究并切实抓好经济社会协调发展。

6月29日 中央政府与香港特别行政区政府签署《内地与香港关于建立更紧密经贸关系的安排》。

8 月 28 日—9 月 1 日　胡锦涛在江西考察工作期间明确提出"科学发展观"这一概念,指出要牢固树立协调发展、全面发展、可持续发展的科学发展观。

10 月 5 日　中共中央、国务院印发《关于实施东北地区等老工业基地振兴战略的若干意见》。

10 月 14 日　中共十六届三中全会通过《关于完善社会主义市场经济体制若干问题的决定》。指出,完善社会主义市场经济体制的主要任务是:完善公有制为主体、多种所有制经济共同发展的基本经济制度,建立有利于逐步改变城乡二元经济结构的体制,形成促进区域经济协调发展的机制,建设统一开放竞争有序的现代市场体系,完善宏观调控体系、行政管理体制和经济法律制度,健全就业、收入分配和社会保障制度,建立促进经济社会可持续发展的机制。

10 月 15 日—16 日　神舟五号载人飞船成功升空并安全返回,首次载人航天飞行获得圆满成功。中国成为世界上第三个独立掌握载人航天技术的国家。

10 月 17 日　中央政府与澳门特别行政区政府签署《内地与澳门关于建立更紧密经贸关系的安排》。

12 月 19 日　胡锦涛在全国人才工作会议上讲话指出,落实好人才强国战略,必须树立适应新形势新任务要求的科学人才观,使我国由人口大国转化为人才资源强国。26日,中共中央、国务院作出《关于进一步加强人才工作的决定》。

12 月 30 日　南水北调中线工程正式启动。2014 年 12 月 12 日,南水北调中线一期工程正式通水。

12 月 31 日　中共中央、国务院印发《关于促进农民增加收入若干政策的意见》。指出,要牢固树立科学发展观,按照统筹城乡经济社会发展的要求,坚持多予、少取、放活的方针。

二〇〇四年

1 月 5 日　中共中央印发《关于进一步繁荣发展哲学社会科学的意见》。

1 月 31 日　国务院印发《关于推进资本市场改革开放和稳定发展的若干意见》。

3 月 10 日　胡锦涛在中央人口资源环境工作座谈会上讲话，全面阐述科学发展观的深刻内涵和基本要求。

3 月 22 日　国务院印发《全面推进依法行政实施纲要》。

4 月 27 日　胡锦涛在会见中央实施马克思主义理论研究和建设工程工作会议全体代表时指出，实施马克思主义理论研究和建设工程是关系党和国家事业发展的战略任务，是加强党的理论建设的重大举措。

7 月 7 日　国务院常务会议通过《宗教事务条例》。2017年 6 月 14 日，国务院常务会议通过修订后的《宗教事务条例》。

7 月 28 日　我国第一个北极科学考察站——黄河站在挪威斯匹次卑尔根群岛的新奥尔松建成并投入使用。2013年，中国成为北极理事会观察员。

9 月 16 日—19 日　中共十六届四中全会举行。全会通过《关于加强党的执政能力建设的决定》，同意江泽民辞去中央军委主席,决定胡锦涛为中央军委主席。

11月7日 中共中央印发《关于在全党开展以实践"三个代表"重要思想为主要内容的保持共产党员先进性教育活动的意见》。2005年1月至2006年6月,全党开展了这一教育活动。

11月8日 中共中央办公厅、国务院办公厅印发《关于进一步加强互联网管理工作的意见》。

12月24日 胡锦涛在中央军委扩大会议上讲话,提出新世纪新阶段人民解放军的历史使命:为党巩固执政地位提供重要力量保证,为维护国家发展的重要战略机遇期提供坚强安全保障,为维护国家利益提供有力战略支撑,为维护世界和平与促进共同发展发挥重要作用。

二〇〇五年

1月3日　中共中央印发《建立健全教育、制度、监督并重的惩治和预防腐败体系实施纲要》。

2月18日　中共中央印发《关于进一步加强中国共产党领导的多党合作和政治协商制度建设的意见》。

2月19日　胡锦涛在省部级主要领导干部提高构建社会主义和谐社会能力专题研讨班上讲话指出,我们所要建设的社会主义和谐社会,应该是民主法治、公平正义、诚信友爱、充满活力、安定有序、人与自然和谐相处的社会。

同日　国务院印发《关于鼓励支持和引导个体私营等非公有制经济发展的若干意见》,从放宽非公有制经济市场准入、加大对非公有制经济的财税金融支持等方面提出36项政策措施。

3月4日　胡锦涛在参加全国政协十届三次会议民革、台盟、台联界委员联组讨论时,提出新形势下发展两岸关系的四点意见。

3月12日　胡锦涛在中央人口资源环境工作座谈会上讲话指出,要大力推进循环经济,建立资源节约型、环境友好型社会。

3月13日　胡锦涛在十届全国人大三次会议上当选为

国家中央军委主席。

3月14日　十届全国人大三次会议通过《反分裂国家法》,明确国家绝不允许"台独"分裂势力以任何名义、任何方式把台湾从中国分裂出去。

4月27日　十届全国人大常委会第十五次会议通过《中华人民共和国公务员法》。

4月29日　胡锦涛在北京同中国国民党主席连战举行正式会谈。会后双方共同发布《两岸和平发展共同愿景》。这是60年来国共两党主要领导人首次会谈。

5月31日　中共中央、国务院作出《关于进一步加强民族工作加快少数民族和民族地区经济社会发展的决定》。

6月23日　国务院、中央军委颁发《中国人民解放军文职人员条例》,决定在全军实行文职人员制度。2017年9月27日,国务院、中央军委颁发新修订的《中国人民解放军文职人员条例》。

7月21日　经国务院批准,中国人民银行宣布:自当日起,我国开始实行以市场供求为基础、参考一篮子货币进行调节、有管理的浮动汇率制度。人民币汇率形成更富弹性的汇率机制。

10月11日　中共十六届五中全会通过《关于制定国民经济和社会发展第十一个五年规划的建议》。2006年3月14日,十届全国人大四次会议批准《中华人民共和国国民经济和社会发展第十一个五年规划纲要》。

同日　胡锦涛在中共十六届五中全会上讲话指出,我国总体上已到了以工促农、以城带乡的发展阶段。我们要自觉顺应这一趋势,实行工业反哺农业、城市支持农村的方针。

12月23日　中共中央、国务院印发《关于深化文化体制改革的若干意见》。

12月24日　国务院发出《关于深化农村义务教育经费保障机制改革的通知》。2015年11月25日,国务院发出《关于进一步完善城乡义务教育经费保障机制的通知》。

12月29日　十届全国人大常委会第十九次会议决定:全国人大常委会于1958年6月3日通过的《中华人民共和国农业税条例》自2006年1月1日起废止。在中国延续两千多年的农业税正式成为历史。

12月31日　中共中央、国务院印发《关于推进社会主义新农村建设的若干意见》。指出,"十一五"时期,必须抓住机遇,加快改变农村经济社会发展滞后的局面,扎实稳步推进社会主义新农村建设。

二〇〇六年

1月26日　中共中央、国务院作出《关于实施科技规划纲要增强自主创新能力的决定》,提出增强自主创新能力,努力建设创新型国家。

1月31日　国务院印发《关于解决农民工问题的若干意见》。指出,要逐步建立城乡统一的劳动力市场和公平竞争的就业制度,保障农民工合法权益的政策体系和执法监督机制,惠及农民工的城乡公共服务体制和制度。

2月13日　国务院印发《关于加快振兴装备制造业的若干意见》。指出,大力振兴装备制造业,是树立和落实科学发展观,走新型工业化道路,实现国民经济可持续发展的战略举措。

3月3日　胡锦涛在参加十届全国人大四次会议、全国政协十届四次会议的党员负责同志会议上讲话指出,社会主义法治必须以社会主义法治理念为指导。坚持社会主义法治理念,就是要坚持依法治国、执法为民、公平正义、服务大局、党的领导。

3月4日　胡锦涛在参加全国政协十届四次会议民盟、民进界委员联组讨论时讲话,提出社会主义荣辱观。

4月15日　中共中央、国务院印发《关于促进中部地区崛起的若干意见》。

同日 中共中央台办受权宣布和通报大陆方面将进一步采取的促进两岸交流合作、惠及台湾同胞的15项政策措施。

7月10日 胡锦涛在全国统战工作会议上讲话指出,政党关系、民族关系、宗教关系、阶层关系、海内外同胞关系是政治领域和社会领域中涉及党和国家工作全局的一些重大关系,也是统一战线需要全面把握和正确处理的重大关系。

8月27日 十届全国人大常委会第二十三次会议通过《中华人民共和国各级人民代表大会常务委员会监督法》。

10月11日 中共十六届六中全会通过《关于构建社会主义和谐社会若干重大问题的决定》。指出,社会和谐是中国特色社会主义的本质属性,强调推动社会建设与经济建设、政治建设、文化建设协调发展。

11月4日—5日 中非合作论坛北京峰会举行。胡锦涛主持峰会并在开幕式上讲话指出,在发展中非关系中要始终坚持真诚友好、平等相待、相互支持、共同发展的正确原则。峰会通过《中非合作论坛北京峰会宣言》和《中非合作论坛—北京行动计划(2007—2009年)》。

12月5日 胡锦涛在中央经济工作会议上讲话指出,坚持又好又快发展,是落实科学发展观、实现全面建设小康社会目标的必然要求。

二〇〇七年

3月16日　十届全国人大五次会议通过《中华人民共和国物权法》和《中华人民共和国企业所得税法》。

4月14日　我国成功发射第一颗北斗二号导航卫星,正式开始独立自主建设我国第二代卫星导航系统。2017年11月5日,北斗三号第一、二颗组网卫星以"一箭双星"方式成功发射,标志着北斗卫星导航系统全球组网的开始。这是和美国全球定位系统(GPS)、俄罗斯格洛纳斯系统、欧洲伽利略系统并列的全球卫星导航系统。

6月3日　国务院印发《中国应对气候变化国家方案》。这是中国第一部应对气候变化的全面的政策性文件,也是发展中国家颁布的第一部应对气候变化的国家方案。

6月7日　经国务院同意,国家发展改革委发出《关于批准重庆市和成都市设立全国统筹城乡综合配套改革试验区的通知》。

6月29日　十届全国人大常委会第二十八次会议通过《中华人民共和国劳动合同法》。2012年12月28日,十一届全国人大常委会第三十次会议通过《关于修改〈中华人民共和国劳动合同法〉的决定》。

7月1日　胡锦涛在庆祝香港回归祖国10周年大会暨

香港特别行政区第三届政府就职典礼上讲话指出,"一国两制"是完整的概念。"一国"是"两制"的前提,没有"一国"就没有"两制"。"一国"和"两制"不能相互割裂,更不能相互对立。"一国"就是要维护中央依法享有的权力,维护国家主权、统一、安全。"两制"就是要保障香港特别行政区依法享有的高度自治权,支持行政长官和特别行政区政府依法施政。

7 月 10 日　国务院印发《关于开展城镇居民基本医疗保险试点的指导意见》,旨在逐步建立以大病统筹为主的城镇居民基本医疗保险制度。

7 月 11 日　国务院发出《关于在全国建立农村最低生活保障制度的通知》。指出,将符合条件的农村贫困人口全部纳入保障范围,稳定、持久、有效地解决全国农村贫困人口的温饱问题。

7 月 26 日　中共中央决定开除原中央政治局委员、上海市委书记陈良宇党籍,对其涉嫌犯罪问题移送司法机关依法处理。

8 月 1 日　胡锦涛在庆祝中国人民解放军建军 80 周年暨全军英雄模范代表大会上讲话指出,在 80 年的顽强奋斗中,人民解放军培育和形成了优良革命传统,集中起来就是听党指挥、服务人民、英勇善战。2008 年 12 月 24 日,胡锦涛在中央军委扩大会议上讲话,提出忠诚于党、热爱人民、报效国家、献身使命、崇尚荣誉的当代革命军人核心价值观。

8 月 30 日　十届全国人大常委会第二十九次会议通过《中华人民共和国反垄断法》和《中华人民共和国就业促进法》。

9月6日—8日　首届夏季达沃斯论坛在辽宁大连举行。此后,论坛每年在天津、大连轮流举行。

10月15日—21日　中国共产党第十七次全国代表大会举行。大会通过的报告《高举中国特色社会主义伟大旗帜,为夺取全面建设小康社会新胜利而奋斗》,全面阐述科学发展观的科学内涵、精神实质和根本要求,明确科学发展观第一要义是发展,核心是以人为本,基本要求是全面协调可持续,根本方法是统筹兼顾。大会通过关于《中国共产党章程(修正案)》的决议,把科学发展观写入党章。大会第一次把建设生态文明作为实现全面建设小康社会奋斗目标的新要求提出来。

10月22日　中共十七届一中全会选举胡锦涛为中央委员会总书记,决定胡锦涛为中央军委主席,批准贺国强为中央纪委书记。

二〇〇八年

年初　我国南方部分地区遭遇严重低温雨雪冰冻灾害。全党全军全国各族人民团结奋斗，在较短时间内取得了抗灾救灾斗争胜利。并以此为契机，加强了我国应急体系建设。

1月15日　胡锦涛在中共十七届中央纪委二次全会上讲话指出，要着力加强以完善惩治和预防腐败体系为重点的反腐倡廉建设。

2月25日—27日　中共十七届二中全会举行。全会通过《关于深化行政管理体制改革的意见》和《国务院机构改革方案》。3月15日，十一届全国人大一次会议批准《国务院机构改革方案》。

3月3日—14日　全国政协十一届一次会议举行。会议选举贾庆林为全国政协主席。

3月5日—18日　十一届全国人大一次会议举行。会议选举胡锦涛为国家主席、国家中央军委主席，吴邦国为全国人大常委会委员长，决定温家宝为国务院总理。

5月12日　四川汶川发生里氏8.0级特大地震。在党中央、国务院和中央军委坚强领导下，我国组织开展了历史上救援速度最快、动员范围最广、投入力量最大的抗震救灾斗争,夺取了抗震救灾斗争的重大胜利。10 月 8 日,胡锦涛在全国抗震救灾总结表彰大会上的讲话中阐述了抗震救灾精神。

6 月 5 日 国务院印发《国家知识产权战略纲要》。

6 月 8 日 中共中央、国务院印发《关于全面推进集体林权制度改革的意见》,规定林地的承包期为 70 年,承包期届满可以按照国家有关规定继续承包。

8 月 1 日 我国第一条拥有完全自主知识产权、具有世界一流水平的高速铁路——京津城际铁路通车运营。至 2017 年年底,我国高速铁路营业里程达到 2.5 万公里。

8 月 8 日—24 日、9 月 6 日—17 日 第 29 届奥运会、第 13 届残奥会先后在北京成功举办。这是我国首次举办奥运会、残奥会。

8 月 29 日 十一届全国人大常委会第四次会议通过《中华人民共和国循环经济促进法》。

9 月 14 日 中共中央印发《关于在全党开展深入学习实践科学发展观活动的意见》。2008 年 9 月至 2010 年 2 月,全党分批开展了这一活动。

9 月 27 日 神舟七号载人飞船实施宇航员空间出舱活动。我国成为世界上第三个独立掌握空间出舱技术的国家。

9 月 由 2007 年美国次贷危机引发的国际金融危机全面爆发。这次危机是美国 20 世纪 30 年代"大萧条"以来最为严重的一次金融危机,对国际金融秩序造成极大的冲击和破坏。10 月 7 日,中共中央政治局常委会会议专题听取有关国际金融危机情况和应采取应对措施的汇报。11 月 5 日,国务院召开常务会议,研究部署进一步扩大内需促进经济平稳较快增长的措施。12月8日至10日,中央经济工作会议提出,必须把扩大内需作为保增长的根本途径,把加快发展方式转变和结构调整作为保增长的主攻方向,把深化重点领域和关键环节改革、提高对外开放水平作为保增长的强大动力,把改善民生作为保增长的出发点和落脚点。

10月12日 中共十七届三中全会通过《关于推进农村改革发展若干重大问题的决定》。指出,健全严格规范的农村土地管理制度,搞好农村土地确权、登记、颁证工作。

11月5日 国务院常务会议决定,自2009年1月1日起,在全国所有地区、所有行业推行增值税转型改革。

11月15日 胡锦涛出席在美国华盛顿举行的二十国集团领导人首次峰会并发表讲话,提出对国际金融体系进行必要的改革。

12月15日 海峡两岸分别在北京、天津、上海、福州、深圳以及台北、高雄、基隆等城市同时举行海上直航、空中直航以及直接通邮的启动和庆祝仪式。

12月23日 中共中央办公厅转发《中央人才工作协调小组关于实施海外高层次人才引进计划的意见》。

12月26日 中国人民解放军海军舰艇编队赴亚丁湾、索马里海域执行护航任务。这是中国海军首次组织海上作战力量赴海外履行国际人道主义义务、首次在远海保护重要运输线安全。

12月31日 国务院批复《珠江三角洲地区改革发展规划纲要(2008—2020年)》。指出,要在促进环珠三角和泛珠三角区域的经济发展、推进粤港澳三地更加紧密合作、保持港澳地区长期繁荣稳定、参与亚太地区区域合作和全球经济竞争等方面进一步发挥辐射带动作用和先行示范作用。

二〇〇九年

2 月 28 日 十一届全国人大常委会第七次会议通过《中华人民共和国食品安全法》。

3 月 17 日 中共中央、国务院印发《关于深化医药卫生体制改革的意见》。指出,实行政事分开、管办分开、医药分开、营利性和非营利性分开,建设覆盖城乡居民的基本医疗卫生制度。

4 月 8 日 国务院常务会议决定在上海市和广东省广州、深圳、珠海、东莞 4 城市开展跨境贸易人民币结算试点。至 2011 年 8 月,跨境贸易人民币结算境内地域范围扩大至全国。

6 月 16 日 胡锦涛出席在俄罗斯叶卡捷琳堡举行的金砖国家(中国、俄罗斯、巴西、印度)领导人首次正式会晤并发表讲话。2010 年 12 月,南非作为正式成员加入金砖国家合作机制,金砖国家正式扩为五国。

9 月 1 日 国务院印发《关于开展新型农村社会养老保险试点的指导意见》。2011 年 6 月 7 日,国务院印发《关于开展城镇居民社会养老保险试点的指导意见》。至 2012 年 7 月 1 日,我国基本实现社会养老保险制度全覆盖。

9 月 18 日 中共十七届四中全会通过《关于加强和改进

新形势下党的建设若干重大问题的决定》。

9月19日 国务院印发《关于进一步促进中小企业发展的若干意见》。2012年4月19日,国务院印发《关于进一步支持小型微型企业健康发展的意见》。

10月1日 首都各界庆祝中华人民共和国成立60周年大会、阅兵仪式和群众游行举行。胡锦涛检阅受阅部队并发表讲话。

12月31日 国务院印发《关于推进海南国际旅游岛建设发展的若干意见》。2016年8月8日,国务院批复《平潭国际旅游岛建设方案》。

二○一○年

1 月 1 日 中国—东盟自由贸易区正式全面启动。在此前后,中国还相继与智利、冰岛、瑞士、韩国、澳大利亚、格鲁吉亚等签署自贸协定。2015 年 12 月 6 日,国务院印发《关于加快实施自由贸易区战略的若干意见》。

2 月 3 日 胡锦涛在省部级主要领导干部深入贯彻落实科学发展观加快经济发展方式转变专题研讨班上讲话,提出加快推进经济结构调整等 8 个方面的重点工作。

3 月 14 日 十一届全国人大三次会议通过《关于修改〈中华人民共和国全国人民代表大会和地方各级人民代表大会选举法〉的决定》。由此,全国实行城乡按相同人口比例选举人大代表。

4 月 30 日 2010 年上海世界博览会举行开幕式。这是中国首次举办的综合性世界博览会。10 月 31 日,上海世界博览会闭幕。

6 月 29 日 海峡两岸关系协会与台湾海峡交流基金会在重庆签署《海峡两岸经济合作框架协议》。

7 月 8 日 中共中央、国务院印发《国家中长期教育改革和发展规划纲要(2010—2020 年)》。

7 月 13 日 胡锦涛在全国教育工作会议上讲话指出,坚持以人为本、全面实施素质教育是教育改革和发展的战略主题,是贯彻党的教育方针的时代要求,核心是解决好培养什么人、怎样培养人的重大问题,重点是面向全体学生、促进学生全面发展。坚持以人为本,在教育工作中的最集中体现就是育人为本、德育为先。

10 月 10 日 国务院作出《关于加快培育和发展战略性新兴产业的决定》。指出,用 20 年时间,使节能环保、新一代信息技术等战略性新兴产业整体创新能力和产业发展水平达到世界先进水平。

10 月 18 日 中共十七届五中全会通过《关于制定国民经济和社会发展第十二个五年规划的建议》。2011 年 3 月 14 日,十一届全国人大四次会议批准《中华人民共和国国民经济和社会发展第十二个五年规划纲要》。

10 月 28 日 十一届全国人大常委会第十七次会议通过《中华人民共和国社会保险法》。

12 月 21 日 国务院印发《全国主体功能区规划》。这是新中国成立以来第一个全国性国土空间开发规划。2015 年 8 月 1 日,国务院印发《全国海洋主体功能区规划》。

12 月 31 日 中共中央、国务院作出《关于加快水利改革发展的决定》。

2010 年 我国国内生产总值达到 40 万亿元,成为世界第二大经济体。

二〇一一年

2月22日—3月5日　因利比亚国内形势发生重大变化,中国政府分批组织中国在利比亚人员(包括港澳台同胞)35860人安全有序撤离。这是新中国成立以来最大规模的有组织撤离海外中国公民行动。

2月26日　国务院办公厅发出《关于积极稳妥推进户籍管理制度改革的通知》。指出,要落实放宽中小城市和小城镇落户条件的政策,引导非农产业和农村人口有序向中小城市和建制镇转移,逐步实现城乡基本公共服务均等化。

3月14日　十一届全国人大四次会议批准的全国人大常委会工作报告宣布:以宪法为统帅,以宪法相关法、民法商法等多个法律部门的法律为主干,由法律、行政法规、地方性法规等多个层次的法律规范构成的中国特色社会主义法律体系已经形成。

5月27日　中共中央、国务院印发《中国农村扶贫开发纲要(2011—2020年)》。指出,到2020年,稳定实现扶贫对象不愁吃、不愁穿,保障其义务教育、基本医疗和住房。贫困地区农民人均纯收入增长幅度高于全国平均水平,基本公共服务主要领域指标接近全国平均水平,扭转发展差距扩大趋势。

6月8日 中共中央办公厅、国务院办公厅印发《关于深化政务公开加强政务服务的意见》。指出,要坚持保障人民群众的知情权和监督权,加大推进政务公开力度,把公开透明的要求贯穿于政务服务各个环节。

7月1日 胡锦涛在庆祝中国共产党成立90周年大会上讲话指出,经过90年的奋斗、创造、积累,党和人民必须倍加珍惜、长期坚持、不断发展的成就是:开辟了中国特色社会主义道路,形成了中国特色社会主义理论体系,确立了中国特色社会主义制度。

7月5日 中共中央、国务院印发《关于加强和创新社会管理的意见》。

9月17日 国务院印发《中国老龄事业发展"十二五"规划》。

10月18日 中共十七届六中全会通过《关于深化文化体制改革推动社会主义文化大发展大繁荣若干重大问题的决定》。指出,坚持中国特色社会主义文化发展道路,建设社会主义文化强国。

二〇一二年

1月12日 国务院印发《关于实行最严格水资源管理制度的意见》。

3月3日、9月15日、9月21日 中国先后公布钓鱼岛及其部分附属岛屿标准名称、地理坐标、位置示意图和钓鱼岛海域部分地理实体标准名称。

4月26日 第一次中国—中东欧国家领导人会晤在波兰华沙举行。此后,每年举行会晤,形成"16+1合作"平台。

6月18日、24日 神舟九号载人飞船与天宫一号目标飞行器先后成功进行自动交会对接和航天员手控交会对接。

6月27日 蛟龙号载人潜水器最大下潜深度达到7062米。我国海底载人科学研究和资源勘探能力达到国际领先水平。

7月2日 中共中央、国务院印发《关于深化科技体制改革加快国家创新体系建设的意见》。指出,促进科技与经济的紧密结合,建立企业主导产业技术研发创新的体制机制。

7月6日 胡锦涛在全国科技创新大会上讲话指出,必须把创新驱动发展作为面向未来的一项重大战略,一以贯之、长期坚持,推动科技实力、经济实力、综合国力实现新的重大跨越。

7月24日　海南省三沙市成立大会暨揭牌仪式举行。三沙市管辖西沙群岛、中沙群岛、南沙群岛的岛礁及其海域，三沙市人民政府驻西沙永兴岛。

8月17日　中共中央组织部等11个部门联合发出通知，启动国家高层次人才特殊支持计划（简称"国家特支计划"或"万人计划"）。

9月25日　中国第一艘航空母舰辽宁舰正式交付海军。胡锦涛出席交接入列仪式并登舰视察。

11月8日—14日　中国共产党第十八次全国代表大会举行。大会通过的报告《坚定不移沿着中国特色社会主义道路前进，为全面建成小康社会而奋斗》，总结了过去5年和十六大以来10年的奋斗历程，确定了全面建成小康社会和全面深化改革开放的目标，阐明了中国特色社会主义道路、中国特色社会主义理论体系、中国特色社会主义制度的科学内涵及其相互联系。指出，中国特色社会主义道路是实现途径，中国特色社会主义理论体系是行动指南，中国特色社会主义制度是根本保障，三者统一于中国特色社会主义伟大实践，这是党领导人民在建设社会主义长期实践中形成的最鲜明特色。大会通过关于《中国共产党章程（修正案）》的决议，把科学发展观同马克思列宁主义、毛泽东思想、邓小平理论、"三个代表"重要思想一道确立为党的行动指南并载入党章。

11月15日　中共十八届一中全会选举习近平为中央委员会总书记，决定习近平为中央军委主席，批准王岐山为中央纪委书记。

同日　习近平在中共十八届中央政治局常委同中外记者

见面时指出,人民对美好生活的向往,就是我们的奋斗目标。

11 月 29 日 习近平在国家博物馆参观《复兴之路》展览时指出,实现中华民族伟大复兴,就是中华民族近代以来最伟大的梦想。改革开放以来,我们总结历史经验,不断艰辛探索,终于找到了实现中华民族伟大复兴的正确道路。这条道路就是中国特色社会主义。现在,我们比历史上任何时期都更接近中华民族伟大复兴的目标,比历史上任何时期都更有信心、有能力实现这个目标。

12 月 4 日 中共中央政治局会议通过《十八届中央政治局关于改进工作作风、密切联系群众的八项规定》。

同日 习近平在首都各界纪念现行宪法公布施行 30 周年大会上讲话指出,要恪守宪法原则、弘扬宪法精神、履行宪法使命,把全面贯彻实施宪法提高到一个新水平。

12 月 7 日—11 日 习近平在广东考察工作期间讲话指出,我国改革已经进入攻坚期和深水区,我们必须以更大的政治勇气和智慧,不失时机深化重要领域改革。要坚持改革开放正确方向,敢于啃硬骨头,敢于涉险滩,既勇于冲破思想观念的障碍,又勇于突破利益固化的藩篱。

二〇一三年

1月5日 习近平在新进中央委员会的委员、候补委员学习贯彻党的十八大精神研讨班上讲话指出,只要我们坚持独立自主走自己的路,毫不动摇坚持和发展中国特色社会主义,我们就一定能在中国共产党成立一百年时全面建成小康社会,就一定能在新中国成立一百年时建成富强民主文明和谐的社会主义现代化国家。

1月22日 习近平在中共十八届中央纪委二次全会上讲话指出,要坚持"老虎"、"苍蝇"一起打,既坚决查处领导干部违纪违法案件,又切实解决发生在群众身边的不正之风和腐败问题;要加强对权力运行的制约和监督,把权力关进制度的笼子里。

1月26日 我国自主研制的运—20大型运输机首次试飞取得圆满成功。2016年7月6日,运—20大型运输机正式列装空军航空兵部队。

2月26日—28日 中共十八届二中全会举行。全会通过《国务院机构改革和职能转变方案》。3月14日,十二届全国人大一次会议批准《国务院机构改革和职能转变方案》。

3月3日—12日 全国政协十二届一次会议举行。会议选举俞正声为全国政协主席。

3月5日—17日　十二届全国人大一次会议举行。会议选举习近平为国家主席、国家中央军委主席，张德江为全国人大常委会委员长，决定李克强为国务院总理。

3月11日　习近平在出席十二届全国人大一次会议解放军代表团全体会议时讲话指出，建设一支听党指挥、能打胜仗、作风优良的人民军队，是党在新形势下的强军目标。

3月17日　习近平在十二届全国人大一次会议闭幕会上讲话指出，实现中华民族伟大复兴的中国梦，就是要实现国家富强、民族振兴、人民幸福。实现中国梦，必须走中国道路、弘扬中国精神、凝聚中国力量。

3月20日　国务院全体会议提出，要坚决落实向社会承诺的"约法三章"，即本届任期内，政府性的楼堂馆所一律不得新建，财政供养的人员只减不增，"三公"经费只减不增。

3月23日　习近平在俄罗斯莫斯科国际关系学院发表演讲，强调人类越来越成为你中有我、我中有你的命运共同体，呼吁各国共同推动建立以合作共赢为核心的新型国际关系。2015年9月28日，习近平在纽约联合国总部出席第70届联合国大会一般性辩论并发表讲话，提出携手构建合作共赢新伙伴，同心打造人类命运共同体。2017年1月18日，习近平在日内瓦万国宫出席"共商共筑人类命运共同体"高级别会议并发表主旨演讲，主张共同推进构建人类命运共同体伟大进程，坚持对话协商、共建共享、合作共赢、交流互鉴、绿色低碳，建设一个持久和平、普遍安全、共同繁荣、开放包容、清洁美丽的世界。

3月25日　习近平在坦桑尼亚尼雷尔国际会议中心发

表演讲,阐述了真实亲诚的对非政策理念。

4月24日 国务院常务会议为适应职能转变新要求,决定先行取消和下放71项行政审批事项。至2017年年底,国务院围绕协同推进简政放权、放管结合、优化服务(简称"放管服")改革,先后取消和下放国务院部门行政审批事项的比例达44%,彻底终结非行政许可审批,清理规范国务院部门行政审批中介服务事项达74%。工商登记前置审批事项压减87%。中央设立的行政事业性收费项目减少72%,政府性基金减少30%,政府定价的经营服务性收费项目大幅压缩。部门设置职业资格削减70%。我国营商环境明显改善,营商便利度世界排名明显提升。

5月9日 中共中央印发《关于在全党深入开展党的群众路线教育实践活动的意见》。2013年6月至2014年9月,全党分两批开展以为民务实清廉为主要内容的党的群众路线教育实践活动,集中整治形式主义、官僚主义、享乐主义和奢靡之风"四风"问题。

6月28日 习近平在全国组织工作会议上讲话,明确提出信念坚定、为民服务、勤政务实、敢于担当、清正廉洁的好干部标准。

7月9日、16日 国务院召开经济形势座谈会,明确提出区间调控思路,要使经济运行保持在合理区间,经济增长率、就业水平等不滑出"下限",物价涨幅等不超出"上限"。此后,在2014年、2015年又相继提出实施定向调控和相机调控。

8月17日 国务院正式批准设立中国(上海)自由贸易

试验区。截至 2018 年 11 月,自贸试验区试点由上海逐步扩大至广东、天津、福建、辽宁、浙江、河南、湖北、重庆、四川、陕西、海南等地。

8 月 19 日 习近平在全国宣传思想工作会议上讲话指出,要巩固马克思主义在意识形态领域的指导地位,巩固全党全国人民团结奋斗的共同思想基础。党性和人民性从来都是一致的、统一的。要坚持正确政治方向,树立以人民为中心的工作导向。我们正在进行具有许多新的历史特点的伟大斗争,面临的挑战和困难前所未有,必须坚持巩固壮大主流思想舆论,弘扬主旋律,传播正能量,激发全社会团结奋进的强大力量。

8 月 习近平在北戴河主持会议研究河北发展问题时提出推动京津冀协同发展。2014 年 2 月 26 日,习近平主持召开座谈会听取京津冀协同发展专题汇报,明确提出实现京津冀协同发展是一个重大国家战略。2015 年 6 月 9 日,中共中央、国务院印发《京津冀协同发展规划纲要》。

9 月 7 日、10 月 3 日 习近平分别在哈萨克斯坦纳扎尔巴耶夫大学、印度尼西亚国会发表演讲,先后提出共同建设"丝绸之路经济带"与"21 世纪海上丝绸之路",即"一带一路"倡议。

9 月 10 日 国务院印发《大气污染防治行动计划》。2015 年 4 月 2 日,国务院印发《水污染防治行动计划》。2016 年 5 月 28 日,国务院印发《土壤污染防治行动计划》。

10 月 21 日 习近平在欧美同学会成立 100 周年庆祝大会上提出支持留学、鼓励回国、来去自由、发挥作用的新时期留学人员工作方针。

10月24日 习近平在周边外交工作座谈会上讲话指出,要坚持与邻为善、以邻为伴,坚持睦邻、安邻、富邻,突出体现亲、诚、惠、容的理念,为我国发展争取良好的周边环境,使我国发展更多惠及周边国家,实现共同发展。外交工作要坚持正确义利观,有原则、讲情谊、讲道义,多向发展中国家提供力所能及的帮助。

10月31日 西藏墨脱公路建成通车。至此,我国真正实现县县通公路。

11月3日—5日 习近平在湖南考察工作期间提出"精准扶贫"理念,强调抓扶贫开发,既要整体联动、有共性的要求和措施,又要突出重点、加强对特困村和特困户的帮扶。12月10日,习近平在中央经济工作会议上讲话指出,扶贫工作要科学规划、因地制宜、抓住重点,提高精准性、有效性、持续性。

11月5日 中共中央印发《中央党内法规制定工作五年规划纲要(2013—2017年)》。编制中央党内法规制定工作五年规划,这在我们党历史上是第一次。2018年2月9日,中共中央印发《中央党内法规制定工作第二个五年规划(2018—2022年)》。

11月9日 习近平在中共十八届三中全会上就《关于全面深化改革若干重大问题的决定》作说明时指出,改革开放是决定当代中国命运的关键一招,也是决定实现"两个一百年"奋斗目标、实现中华民族伟大复兴的关键一招,实践发展永无止境,解放思想永无止境,改革开放也永无止境,停顿和倒退没有出路,改革开放只有进行时、没有完成时。

11 月 12 日 中共十八届三中全会通过《关于全面深化改革若干重大问题的决定》。指出,全面深化改革的总目标是完善和发展中国特色社会主义制度,推进国家治理体系和治理能力现代化。经济体制改革的核心问题是处理好政府和市场的关系,使市场在资源配置中起决定性作用和更好发挥政府作用。

11 月 18 日 中共中央、国务院颁发《党政机关厉行节约反对浪费条例》。依据这个条例,党政机关经费管理、国内差旅、因公临时出国(境)、培训、公务接待、公务用车、会议活动、办公用房、基层党建活动、资源节约等方面的党内法规和规范性文件相继出台。

11 月 23 日 中国政府宣布划设东海防空识别区,并发布航空器识别规则公告和识别区示意图。当日,中国空军在识别区内进行了首次空中巡逻。

12 月 11 日 中共中央办公厅印发《关于培育和践行社会主义核心价值观的意见》。指出,富强、民主、文明、和谐,自由、平等、公正、法治,爱国、敬业、诚信、友善,这 24 个字是社会主义核心价值观的基本内容。

12 月 12 日 习近平在中共中央召开的首次城镇化工作会议上讲话指出,城镇化是现代化的必由之路,推进城镇化要坚持以人为本、优化布局、生态文明、传承文化的基本原则。2014 年 3 月 12 日,中共中央、国务院印发《国家新型城镇化规划(2014—2020 年)》。至 2017 年年底,我国城镇化率达到 58.5%。

12 月 14 日　嫦娥三号着陆月球虹湾区域。15 日,嫦娥三号着陆器和巡视器"玉兔"号月球车互拍成像。我国探月工程第二步战略目标圆满完成,成为世界上第三个月球软着陆和巡视探测的国家。

12 月 21 日　中共中央、国务院印发《关于调整完善生育政策的意见》,提出单独两孩的政策。2015 年 12 月 31 日,中共中央、国务院作出《关于实施全面两孩政策改革完善计划生育服务管理的决定》。2016 年 1 月 1 日,修改后的《中华人民共和国人口与计划生育法》正式实施,明确国家提倡一对夫妻生育两个子女。

12 月 30 日　中共中央政治局会议决定成立中央全面深化改革领导小组,负责改革的总体设计、统筹协调、整体推进、督促落实。2018 年 3 月,中央全面深化改革领导小组改名为中央全面深化改革委员会。

2013 年　中国成为世界第一货物贸易大国,中国货物进出口总额为 4.16 万亿美元,其中出口额 2.21 万亿美元,进口额 1.95 万亿美元。

二〇一四年

1月2日 中共中央、国务院印发《关于全面深化农村改革加快推进农业现代化的若干意见》。指出,把饭碗牢牢端在自己手上,是治国理政必须长期坚持的基本方针;提出抓紧构建新形势下以我为主、立足国内、确保产能、适度进口、科技支撑的国家粮食安全战略。

1月24日 中共中央政治局会议研究决定中央国家安全委员会设置。

2月7日 国务院印发《注册资本登记制度改革方案》。2014年3月至2017年年底,我国累计新设企业达1927.59万户,日均新设企业1.37万户。

2月18日 习近平在会见中国国民党荣誉主席连战时提出,两岸双方应秉持"两岸一家亲"理念,共圆中华民族伟大复兴的中国梦。

2月21日 国务院印发《关于建立统一的城乡居民基本养老保险制度的意见》。

2月27日 习近平在中央网络安全和信息化领导小组第一次会议上讲话指出,努力把我国建设成为网络强国,强调要把握好网上舆论引导的时、度、效,使网络空间清朗起来。

同日 十二届全国人大常委会第七次会议通过《关于确

定中国人民抗日战争胜利纪念日的决定》,将9月3日确定为中国人民抗日战争胜利纪念日;通过《关于设立南京大屠杀死难者国家公祭日的决定》,将12月13日设立为南京大屠杀死难者国家公祭日。

3月9日 习近平在参加十二届全国人大二次会议安徽代表团审议时提出"三严三实"的要求,强调各级领导干部都要树立和发扬好的作风,既严以修身、严以用权、严以律己,又谋事要实、创业要实、做人要实。

3月19日 中共中央办公厅、国务院办公厅印发《关于深化司法体制和社会体制改革的意见》。改革的重点是完善司法人员分类管理制度、完善司法责任制、健全司法人员职业保障、推动省以下地方法院检察院人财物统一管理等。

4月10日 中央军委印发《关于贯彻落实军委主席负责制建立和完善相关工作机制的意见》。

4月15日 习近平在中央国家安全委员会第一次会议上讲话指出,要坚持总体国家安全观,以人民安全为宗旨,以政治安全为根本,以经济安全为基础,以军事、文化、社会安全为保障,以促进国际安全为依托,走出一条中国特色国家安全道路。

5月9日—10日 习近平在河南考察工作期间讲话指出,要从我国经济发展的阶段性特征出发,适应新常态,保持战略上的平常心态。

5月21日 亚洲相互协作与信任措施会议第四次峰会在上海举行。习近平主持并发表讲话,强调积极倡导共同、综合、合作、可持续的亚洲安全观,搭建地区安全和合作新架构,努力走出一条共建、共享、共赢的亚洲安全之路。

5月22日 习近平在上海召开外国专家座谈会时讲话指出,中国要永远做一个学习大国。一个国家对外开放,必须首先推进人的对外开放,特别是人才的对外开放。要实行更加开放的人才政策,在大力培养国内创新人才的同时,更加积极主动地引进国外人才特别是高层次人才。

5月28日 习近平在第二次中央新疆工作座谈会上讲话指出,要围绕社会稳定和长治久安这个总目标,坚持依法治疆、团结稳疆、长期建疆,努力建设团结和谐、繁荣富裕、文明进步、安居乐业的社会主义新疆。

5月30日 国务院常务会议决定对已出台政策措施落实情况开展第一次全面督查。此后,国务院每年开展大督查。

6月26日 习近平在中共中央政治局常委会会议听取巡视情况汇报时讲话指出,巡视作为党内监督的战略性制度安排,不是权宜之计,要用好巡视这把反腐"利剑"。

6月30日 中共中央政治局会议审议通过《深化财税体制改革总体方案》。改革的目标是建立现代财政制度,重点是改进预算管理制度、深化税收制度改革、建立事权和支出责任相适应的制度。

7月15日 在巴西举行的金砖国家领导人第六次会晤宣布,成立金砖国家新开发银行并将总部设在中国上海,建立金砖国家应急储备安排。

7月24日 国务院印发《关于进一步推进户籍制度改革的意见》。指出,全面放开建制镇和小城市落户限制,有序放开中等城市落户限制,合理确定大城市落户条件,严格控制特大城市人口规模,到 2020 年努力实现 1 亿左右农业转移人口和其他常住人口在城镇落户。

8 月 31 日 十二届全国人大常委会第十次会议通过《关于设立烈士纪念日的决定》,将 9 月 30 日设立为烈士纪念日。

9 月 5 日 习近平在庆祝全国人民代表大会成立 60 周年大会上讲话指出,世界上不存在完全相同的政治制度,也不存在适用于一切国家的政治制度模式。中国特色社会主义政治制度之所以行得通、有生命力、有效率,就是因为它是从中国的社会土壤之中生长起来的,未来要继续茁壮成长,也必须深深扎根于中国的社会土壤。坚定中国特色社会主义制度自信,首先要坚定对中国特色社会主义政治制度的自信,增强走中国特色社会主义政治发展道路的信心和决心。

9 月 21 日 习近平在庆祝中国人民政治协商会议成立 65 周年大会上讲话指出,社会主义协商民主,是中国社会主义民主政治的特有形式和独特优势,是中国共产党的群众路线在政治领域的重要体现。在中国社会主义制度下,有事好商量,众人的事情由众人商量,找到全社会意愿和要求的最大公约数,是人民民主的真谛。人民政协是统一战线的组织,是多党合作和政治协商的机构,是人民民主的重要实现形式。

同日 国务院印发《关于加强地方政府性债务管理的意见》,部署加强地方政府性债务管理。

9 月 28 日 习近平在中央民族工作会议暨国务院第六次全国民族团结进步表彰大会上讲话指出,加强中华民族大团结,长远和根本的是增强文化认同,建设各民族共有精神家园,积极培养中华民族共同体意识,强调要加强各民族交往交流交融。

10 月 15 日　习近平主持召开文艺工作座谈会,强调只有牢固树立马克思主义文艺观,真正做到了以人民为中心,文艺才能发挥最大正能量。

10 月 23 日　中共十八届四中全会通过《关于全面推进依法治国若干重大问题的决定》。指出,全面推进依法治国,总目标是建设中国特色社会主义法治体系,建设社会主义法治国家。

10 月 30 日—11 月 2 日　全军政治工作会议在福建古田举行。10 月 31 日,习近平在讲话中阐明新的历史条件下党从思想上政治上建设军队的重大问题,强调军队政治工作的时代主题是紧紧围绕实现中华民族伟大复兴的中国梦,为实现党在新形势下的强军目标提供坚强政治保证;当前最紧要的是把理想信念、党性原则、战斗力标准、政治工作威信四个带根本性的东西在全军牢固立起来。12 月 30 日,中共中央转发《关于新形势下军队政治工作若干问题的决定》。

11 月 1 日　十二届全国人大常委会第十一次会议通过《关于设立国家宪法日的决定》,将 12 月 4 日设立为国家宪法日。

11 月 6 日　中共中央办公厅、国务院办公厅印发《关于引导农村土地经营权有序流转发展农业适度规模经营的意见》。提出,把农民土地承包经营权分为承包权和经营权,实现承包权和经营权分置并行。2016 年 10 月 22 日,中共中央办公厅、国务院办公厅印发《关于完善农村土地所有权承包权经营权分置办法的意见》。

11 月 8 日 习近平在北京主持加强互联互通伙伴关系对话会并发表讲话指出,我们要建设的互联互通,应该是基础设施、制度规章、人员交流三位一体,应该是政策沟通、设施联通、贸易畅通、资金融通、民心相通五大领域齐头并进;宣布中国出资成立丝路基金。

11 月 11 日 亚太经合组织第二十二次领导人非正式会议在北京举行。习近平主持会议并发表讲话,倡导共建互信、包容、合作、共赢的亚太伙伴关系。会议决定启动亚太自由贸易区(FTAAP)进程。

11 月 17 日 上海与香港股票市场交易互联互通机制"沪港通"正式启动。2016 年 12 月、2017 年 7 月又相继启动"深港通"、"债券通"。

11 月 19 日—21 日 首届世界互联网大会在浙江乌镇举行。会议确定乌镇为世界互联网大会永久会址。

11 月 28 日 习近平在中央外事工作会议上讲话指出,中国必须有自己特色的大国外交。要在总结实践经验的基础上,丰富和发展对外工作理念,使对外工作有鲜明的中国特色、中国风格、中国气派。

12 月 2 日 中共中央、国务院印发《丝绸之路经济带和 21 世纪海上丝绸之路建设战略规划》。2015 年 3 月 28 日,经国务院授权,国家发展改革委、外交部、商务部联合发布《推动共建丝绸之路经济带和 21 世纪海上丝绸之路的愿景与行动》。

12 月 9 日 习近平在中央经济工作会议上讲话指出,我国经济正在向形态更高级、分工更复杂、结构更合理的阶段演化,经济发展进入新常态,这是我国经济发展阶段性特征的必然反映。

12 月 13 日—14 日 习近平在江苏考察工作期间讲话指出,要主动把握和积极适应经济发展新常态,协调推进全面建成小康社会、全面深化改革、全面推进依法治国、全面从严治党。

12 月 15 日 中共中央决定给予周永康开除党籍处分。十八届中共中央共批准立案审查省军级以上党员干部及其他中管干部 440 人,严肃查处了周永康、薄熙来、郭伯雄、徐才厚、孙政才、令计划严重违纪违法案件。

12 月 18 日 我国第一座钠冷快中子反应堆——中国实验快堆首次实现满功率稳定运行 72 小时,标志着我国全面掌握快堆这一第四代核电技术的设计、建造、调试运行等核心技术。

12 月 31 日 中共中央办公厅印发《关于加强中央纪委派驻机构建设的意见》。2015 年 11 月 20 日,中共中央办公厅印发《关于全面落实中央纪委向中央一级党和国家机关派驻纪检机构的方案》,实现对中央一级党和国家机关派驻纪检机构全覆盖。2018 年 10 月 21 日,中共中央办公厅印发《关于深化中央纪委国家监委派驻机构改革的意见》。

同日 中共中央办公厅、国务院办公厅印发《关于农村土地征收、集体经营性建设用地入市、宅基地制度改革试点工作的意见》。

二〇一五年

1月3日 国务院作出《关于机关事业单位工作人员养老保险制度改革的决定》。

1月5日 中共中央印发《关于加强社会主义协商民主建设的意见》,对新形势下开展政党协商、人大协商、政府协商、政协协商、人民团体协商、基层协商、社会组织协商等作出全面部署,推进社会主义协商民主广泛多层制度化发展。

1月6日 国务院印发《关于促进云计算创新发展培育信息产业新业态的意见》。8月31日,国务院印发《促进大数据发展行动纲要》。

1月8日 中共中央印发《关于加强和改进党的群团工作的意见》。

1月13日 习近平在中共十八届中央纪委五次全会上讲话指出,党的纪律是刚性约束,政治纪律更是全党在政治方向、政治立场、政治言论、政治行动方面必须遵守的刚性约束。在所有党的纪律和规矩中,第一位的是政治纪律和政治规矩。

1月16日 中共中央政治局常委会召开会议,专门听取全国人大常委会、国务院、全国政协、最高人民法院、最高人民检察院党组工作汇报。这成为实现党中央集中统一领导的一项制度性安排。

2月2日 习近平在省部级主要领导干部学习贯彻党的十八届四中全会精神全面推进依法治国专题研讨班上讲话时系统阐述"四个全面"战略布局,强调要把全面依法治国放在"四个全面"战略布局中来把握,抓住领导干部这个"关键少数",带动全党全国全面推进依法治国。指出,"党大还是法大"是一个政治陷阱,是一个伪命题。每个党政组织、每个领导干部,必须服从和遵守宪法法律,不能以党自居,不能把党的领导作为个人以言代法、以权压法、徇私枉法的挡箭牌。

3月5日 习近平在参加十二届全国人大三次会议上海代表团审议时讲话指出,创新是引领发展的第一动力。适应和引领我国经济发展新常态,关键是要依靠科技创新转换发展动力。

3月7日 国务院批复设立中国(杭州)跨境电子商务综合试验区。5月4日,国务院印发《关于大力发展电子商务加快培育经济新动力的意见》。2016年1月、2018年7月,国务院先后批复在天津、北京等34个城市设立跨境电子商务综合试验区。

3月12日 习近平在十二届全国人大三次会议解放军代表团全体会议上明确提出,把军民融合发展上升为国家战略。2016年5月1日,中共中央、国务院、中央军委印发《关于经济建设和国防建设融合发展的意见》。2017年1月22日,中共中央政治局会议决定设立中央军民融合发展委员会。2018年8月11日,中共中央印发《军民融合发展战略纲要》。

3月13日 中共中央、国务院印发《关于深化体制机制改革加快实施创新驱动发展战略的若干意见》。2016年1月

18 日,中共中央、国务院印发《国家创新驱动发展战略纲要》。

3月26日 中央反腐败协调小组国际追逃追赃工作办公室首次启动针对外逃腐败分子的"天网"行动。4月22日,国际刑警组织中国国家中心局集中公布100名涉嫌犯罪外逃国家工作人员、重要腐败案件涉案人等人员的红色通缉令。2014年至2018年9月,共从120多个国家和地区追回外逃人员4719人,追赃103.72亿元,"百名红通人员"已有54名落网。

3月29日 正在亚丁湾索马里海域执行护航任务的中国海军护航编队临沂舰搭载首批122名中国公民,从也门亚丁港安全撤离。至4月7日,共从也门撤出中国公民613人,并协助来自15个国家的279名外国公民安全撤离。

4月10日 中共中央办公厅印发《关于在县处级以上领导干部中开展"三严三实"专题教育方案》。从4月底开始,在县处级以上领导干部中不分批次、不划阶段、不设环节开展"三严三实"专题教育,着力解决"不严不实"问题。

4月25日 中共中央、国务院印发《关于加快推进生态文明建设的意见》。9月18日,中共中央、国务院印发《生态文明体制改革总体方案》,明确了生态文明体制改革的"四梁八柱"。

5月6日 我国自主创新、拥有完整自主知识产权的第三代核电技术"华龙一号"首堆示范工程正式落户福清核电并开工建设。

5月8日 国务院印发《中国制造2025》,提出通过"三步走"实现制造强国的战略目标。

5月13日 国务院印发《关于推进国际产能和装备制造合作的指导意见》。指出,要充分发挥企业市场主体作用,坚持以市场为导向,按照商业原则和国际惯例,积极开展国际产能和装备制造合作。

5月18日 习近平在中央统战工作会议上讲话指出,要巩固和发展最广泛的爱国统一战线,为实现"两个一百年"奋斗目标、实现中华民族伟大复兴的中国梦提供广泛力量支持。同日,中共中央颁发《中国共产党统一战线工作条例(试行)》。

6月11日 中共中央颁发《中国共产党党组工作条例(试行)》。

同日 国务院印发《关于大力推进大众创业万众创新若干政策措施的意见》。2016年、2017年,国务院办公厅确定了两批共120个双创示范基地。

6月26日 习近平在中共十八届中央政治局第二十四次集体学习时讲话指出,铲除不良作风和腐败现象滋生蔓延的土壤,根本上要靠法规制度。要把法规制度建设贯穿到反腐倡廉各个领域、落实到制约和监督权力各个方面,推动形成不敢腐不能腐不想腐的有效机制。

6月30日 习近平在会见全国优秀县委书记时讲话指出,当好县委书记是不容易的,要始终做到心中有党、心中有民、心中有责、心中有戒,努力成为党和人民信赖的好干部。

7月1日 十二届全国人大常委会第十五次会议通过《中华人民共和国国家安全法》。

同日 国务院印发《关于积极推进"互联网+"行动的指

导意见》。2016年9月25日,国务院印发《关于加快推进"互联网+政务服务"工作的指导意见》。

7月6日 习近平在中央党的群团工作会议上讲话指出,党的群团工作是党通过群团组织开展的群众工作。这是我们党的一大创举,也是我们党的一大优势。要下决心纠正机关化、行政化、贵族化、娱乐化,切实保持和增强党的群团工作的政治性、先进性、群众性。

7月31日 国际奥委会第128次全会在马来西亚吉隆坡投票决定,将2022年冬奥会举办权交给北京。

8月3日 中共中央颁发《中国共产党巡视工作条例》,明确规定党的中央和省、自治区、直辖市委员会实行巡视制度,建立专职巡视机构,对所管理的地方、部门、企事业单位党组织进行巡视监督,实现巡视全覆盖、全国一盘棋。2017年7月1日,中共中央颁发修订后的《中国共产党巡视工作条例》。

8月11日 中国人民银行决定改革完善人民币兑美元汇率中间价报价机制,明确中间价报价参考前一天收盘价。2016年2月,形成"收盘汇率+一篮子货币汇率变化"的人民币兑美元汇率中间价形成机制。

8月24日 习近平在中央第六次西藏工作座谈会上讲话指出,必须坚持治国必治边、治边先稳藏的战略思想,坚持依法治藏、富民兴藏、长期建藏、凝聚人心、夯实基础的重要原则。必须全面正确贯彻党的民族政策和宗教政策,把维护祖国统一、加强民族团结作为工作的着眼点和着力点,不断增进各族群众对伟大祖国、中华民族、中华文化、中国共产党、中国特色社会主义的认同。

　　同日　中共中央、国务院印发《关于深化国有企业改革的指导意见》。此后,陆续出台有关加强国有企业党的建设、国有企业分类改革、发展混合所有制经济、完善国资监管体制、防止国有资产流失、完善法人治理结构等多个配套文件。

　　8月30日　中共中央办公厅、国务院办公厅印发《环境保护督察方案(试行)》,部署对各地开展环境保护督察工作。

　　9月3日　纪念中国人民抗日战争暨世界反法西斯战争胜利70周年大会和阅兵仪式举行。习近平检阅受阅部队并发表讲话,强调要铭记历史、缅怀先烈、珍爱和平、开创未来;同时宣布中国将裁减军队员额30万。

　　10月12日　中共中央、国务院印发《关于推进价格机制改革的若干意见》。到2017年年底,97%以上的商品和服务价格已实现市场调节。

　　10月18日　中共中央颁发《中国共产党廉洁自律准则》和《中国共产党纪律处分条例》。2018年8月18日,中共中央颁发修订后的《中国共产党纪律处分条例》。

　　10月24日　国务院印发《统筹推进世界一流大学和一流学科建设总体方案》。

　　10月29日　中共十八届五中全会通过《关于制定国民经济和社会发展第十三个五年规划的建议》。2016年3月16日,十二届全国人大四次会议批准《中华人民共和国国民经济和社会发展第十三个五年规划纲要》。

　　同日　习近平在中共十八届五中全会第二次全体会议上阐述新发展理念,强调坚持创新发展、协调发展、绿色发展、开放发展、共享发展,是关系我国发展全局的一场深刻变革。

11月2日 中共中央办公厅、国务院办公厅印发《深化农村改革综合性实施方案》,确立农村改革的"四梁八柱"。

11月7日 习近平同台湾方面领导人马英九在新加坡会面,就进一步推进两岸关系和平发展交换意见。这是1949年以来两岸领导人首次会晤。

11月10日 习近平在中央财经领导小组会议上讲话指出,要着力加强供给侧结构性改革。12月18日,习近平在中央经济工作会议上强调,推进供给侧结构性改革,是适应和引领经济发展新常态的重大创新。要实行宏观政策要稳、产业政策要准、微观政策要活、改革政策要实、社会政策要托底的总体思路,着力加强结构性改革,在适度扩大总需求的同时,去产能、去库存、去杠杆、降成本、补短板,推动我国社会生产力水平整体改善。

11月23日 中央军委印发《领导指挥体制改革实施方案》。2016年2月29日,全军按新的领导指挥体制运行。

11月24日 习近平在中央军委改革工作会议上讲话指出,要全面实施改革强军战略,坚定不移走中国特色强军之路,建设同我国国际地位相称、同国家安全和发展利益相适应的巩固国防和强大军队。

11月27日、28日 《〈内地与香港关于建立更紧密经贸关系的安排〉服务贸易协议》、《〈内地与澳门关于建立更紧密经贸关系的安排〉服务贸易协议》分别签署,内地与香港、澳门服务贸易自由化基本实现。

11月28日 中央军委印发《关于深化国防和军队改革

的意见》。指出,牢牢把握军委管总、战区主战、军种主建的原则,以领导管理体制、联合作战指挥体制改革为重点,协调推进规模结构、政策制度和军民融合深度发展改革。

11 月 29 日　中共中央、国务院作出《关于打赢脱贫攻坚战的决定》。2016 年 4 月 23 日,中共中央办公厅、国务院办公厅印发《关于建立贫困退出机制的意见》,明确贫困人口、贫困村、贫困县在 2020 年以前有序退出的标准和要求。

12 月 9 日　中共中央印发《关于加强和改进新形势下党校工作的意见》。11 日,习近平在全国党校工作会议上讲话指出,党校姓党,首先要把党的旗帜亮出来。党校是教育培训干部的地方,不断把领导干部集中到党校来学习培训,一个重要目的就是帮助大家向党中央看齐。

12 月 16 日　习近平在第二届世界互联网大会开幕式上发表主旨演讲,提出推动互联网全球治理体系变革,应该坚持尊重网络主权、维护和平安全、促进开放合作、构建良好秩序的原则;强调网络空间是人类共同的活动空间,呼吁共同构建网络空间命运共同体。

12 月 17 日　我国成功发射暗物质粒子探测卫星"悟空",在太空中开展高能电子及高能伽马射线探测任务,探寻暗物质存在的证据。

12 月 20 日　习近平在中央城市工作会议上讲话指出,要坚持人民城市为人民,尊重城市发展规律,统筹空间、规模、产业,统筹规划、建设、管理,统筹改革、科技、文化,统筹生产、生活、生态,统筹政府、社会、市民,着力提高城市发展持续性、宜居性。24 日,中共中央、国务院印发《关于深入推进城市执法体制改革改进城市管理工作的指导意见》。2016年2月6日,中共中央、国务院印发《关于进一步加强城市规划建设管理工作的若干意见》。

12月25日 中共中央印发《关于建立健全党和国家功勋荣誉制度的意见》,对党和国家功勋荣誉表彰制度进行整体设计。

同日 亚洲基础设施投资银行正式成立。意向创始成员国共有57个。

12月28日 国务院办公厅印发《国务院部门权力和责任清单编制试点方案》。到2017年,31个省区市均已公布省市县三级政府部门权力清单和责任清单。

12月31日 习近平向中国人民解放军陆军、火箭军、战略支援部队授予军旗并致训词。此后,习近平又先后向东部战区、南部战区、西部战区、北部战区、中部战区授予军旗并发布训令,向武汉联勤保障基地和无锡、桂林、西宁、沈阳、郑州联勤保障中心,向军事科学院、国防大学、国防科技大学等授予军旗并致训词。

2015年 中国对外直接投资流量为1456.7亿美元,实际利用外资1356亿美元,对外投资首超吸引外资,首次成为资本净输出国。

2015年 我国第三产业增加值比重为50.5%,首次突破50%。

二〇一六年

1月3日　国务院印发《关于整合城乡居民基本医疗保险制度的意见》，提出整合城镇居民基本医疗保险和新型农村合作医疗，建立统一的城乡居民基本医疗保险制度。

1月5日　习近平在重庆召开的推动长江经济带发展座谈会上讲话指出，推动长江经济带发展是国家一项重大区域发展战略，要坚持生态优先、绿色发展，共抓大保护、不搞大开发。5月30日，中共中央、国务院印发《长江经济带发展规划纲要》。

2月16日　中央军委印发《关于军队和武警部队全面停止有偿服务活动的通知》。指出，计划用3年左右时间，分步骤停止军队和武警部队一切有偿服务活动。

2月19日　习近平主持召开党的新闻舆论工作座谈会，指出在新的时代条件下，党的新闻舆论工作要把坚持正确政治方向放在第一位。坚持党性原则，最根本的是坚持党对新闻舆论工作的领导；广大新闻舆论工作者要做党的政策主张的传播者、时代风云的记录者、社会进步的推动者、公平正义的守望者。

2月24日　中共中央办公厅印发《关于在全体党员中开展"学党章党规、学系列讲话，做合格党员"学习教育方案》。

2017年3月20日,中共中央办公厅印发《关于推进"两学一做"学习教育常态化制度化的意见》。

3月4日 习近平在看望参加全国政协十二届四次会议的民建、工商联委员并参加联组会时讲话指出,非公有制经济在我国经济社会发展中的地位和作用没有变,鼓励、支持、引导非公有制经济发展的方针政策没有变,致力于为非公有制经济发展营造良好环境和提供更多机会的方针政策没有变。同时强调要着力构建"亲"、"清"新型政商关系。

3月23日 澜沧江—湄公河合作首次领导人会议在海南三亚举行,正式启动澜湄合作机制。

3月24日 中共中央政治局常委会会议听取关于北京城市副中心和疏解北京非首都功能集中承载地有关情况的汇报,确定疏解北京非首都功能集中承载地新区规划选址并同意定名为"雄安新区"。5月27日,习近平在中共中央政治局会议上讲话指出,建设北京城市副中心和雄安新区两个新城,是千年大计、国家大事。

4月19日 习近平主持召开网络安全和信息化工作座谈会,强调要建设网络良好生态,发挥网络引导舆论、反映民意的作用;树立正确的网络安全观,增强网络安全防御能力和威慑能力。

4月22日 习近平在全国宗教工作会议上讲话指出,积极引导宗教与社会主义社会相适应,一个重要的任务就是支持我国宗教坚持中国化方向。做好党的宗教工作,关键是要在"导"上想得深、看得透、把得准,做到"导"之有方、"导"之有力、"导"之有效,牢牢掌握宗教工作主动权。

同日　中国签署气候变化《巴黎协定》。

4月25日　习近平在安徽凤阳县小岗村主持召开农村改革座谈会,指出新形势下深化农村改革,主线仍然是处理好农民和土地的关系。最大的政策,就是必须坚持和完善农村基本经营制度,坚持农村土地集体所有,坚持家庭经营基础性地位,坚持稳定土地承包关系。

5月17日　习近平主持召开哲学社会科学工作座谈会,提出要着力构建中国特色哲学社会科学,在指导思想、学科体系、学术体系、话语体系等方面充分体现中国特色、中国风格、中国气派;强调坚定中国特色社会主义道路自信、理论自信、制度自信,说到底是要坚定文化自信,文化自信是更基本、更深沉、更持久的力量。2017年3月5日,中共中央印发《关于加快构建中国特色哲学社会科学的意见》。

6月20日　我国自主研制的第一台全部采用国产处理器构建的"神威·太湖之光"夺得世界超算冠军。截至2017年年底,中国连续10次蝉联全球最快超级计算机。

7月1日　习近平在庆祝中国共产党成立95周年大会上讲话指出,要永远保持建党时中国共产党人的奋斗精神,永远保持对人民的赤子之心。一切向前走,都不能忘记走过的路;走得再远、走到再光辉的未来,也不能忘记走过的过去,不能忘记为什么出发。面向未来,面对挑战,全党同志一定要不忘初心、继续前进。

7月5日　中共中央、国务院印发《关于深化投融资体制改革的意见》,新一轮投融资体制改革全面展开。

7月8日　中共中央颁发《中国共产党问责条例》。

7月22日 首次"1+6"圆桌对话会在北京举行。此后，中国同世界银行、国际货币基金组织、世界贸易组织、经济合作与发展组织、国际劳工组织、金融稳定理事会每年举行一次"1+6"圆桌对话会。

8月16日 我国成功发射世界首颗量子科学实验卫星"墨子号"。2017年6月、8月，"墨子号"卫星先后在国际上首次成功实现千公里级卫星和地面之间的量子纠缠分发、量子密钥分发和量子隐形传态。

8月19日—20日 全国卫生与健康大会举行。10月17日，中共中央、国务院印发《"健康中国2030"规划纲要》。

9月3日 习近平出席在浙江杭州举行的二十国集团工商峰会开幕式并发表主旨演讲，提出建设创新、开放、联动、包容型世界经济，强调全球经济治理应该以平等为基础，更好反映世界经济格局新现实。4日至5日，以"构建创新、活力、联动、包容的世界经济"为主题的二十国集团领导人第十一次峰会在杭州举行，习近平全程主持会议。

同日 十二届全国人大常委会第二十二次会议通过《关于修改〈中华人民共和国外资企业法〉等4部法律的决定》，探索对外商投资实行准入前国民待遇加负面清单的管理模式，对不涉及国家规定准入特别管理措施的外商投资企业设立及变更的事项，由逐案审批制改为备案制管理。外资管理体制实现重大变革。

9月25日 具有我国自主知识产权的世界最大单口径巨型射电望远镜——500米口径球面射电望远镜（FAST）在贵州平塘落成启动。

10 月 1 日 人民币正式加入国际货币基金组织特别提款权货币篮子。

10 月 10 日 习近平在全国国有企业党的建设工作会议上讲话指出,要坚持党对国有企业的领导不动摇,坚定不移把国有企业做强做优做大。

10 月 21 日 习近平在纪念红军长征胜利 80 周年大会上讲话指出,每一代人有每一代人的长征路,每一代人都要走好自己的长征路。我们这一代人的长征,就是要实现"两个一百年"奋斗目标,实现中华民族伟大复兴的中国梦。要大力弘扬伟大长征精神,在新的长征路上继续奋勇前进。

10 月 27 日 中共十八届六中全会通过《关于新形势下党内政治生活的若干准则》和《中国共产党党内监督条例》。全会明确习近平同志党中央的核心、全党的核心地位。号召全党同志紧密团结在以习近平同志为核心的党中央周围,牢固树立政治意识、大局意识、核心意识、看齐意识,坚定不移维护党中央权威和党中央集中统一领导。

11 月 1 日 中国自主研制的新一代隐身战斗机歼—20首次公开亮相参加中国珠海国际航展。2018 年 2 月 9 日,歼—20 开始列装空军作战部队。

11 月 4 日 中共中央、国务院印发《关于完善产权保护制度依法保护产权的意见》。

同日 中共中央办公厅印发《关于在北京市、山西省、浙江省开展国家监察体制改革试点方案》。2017 年 10 月 23 日,中共中央办公厅印发《关于在全国各地推开国家监察体制改革试点方案》,部署在全国范围内深化国家监察体制改革的探索实践,完成省、市、县三级监察委员会组建工作,实现对所有行使公权力的公职人员监察全覆盖。2017 年 11 月 4 日,十二届全国人大常委会第三十次会议通过《关于在全国各地推开国家监察体制改革试点工作的决定》。

11 月 7 日 十二届全国人大常委会第二十四次会议通过《中华人民共和国网络安全法》。

11 月 30 日 习近平在中国文联第十次全国代表大会、中国作协第九次全国代表大会上讲话指出,中华民族生生不息绵延发展、饱受挫折又不断浴火重生,都离不开中华文化的有力支撑。中华文化独一无二的理念、智慧、气度、神韵,增添了中国人民和中华民族内心深处的自信和自豪。

12 月 7 日 习近平在全国高校思想政治工作会议上讲话指出,高校立身之本在于立德树人。要坚持把立德树人作为中心环节,把思想政治工作贯穿教育教学全过程,实现全程育人、全方位育人。办好我国高校,办出世界一流大学,必须牢牢抓住全面提高人才培养能力这个核心点,并以此来带动高校其他工作。

12 月 13 日 中共中央印发《关于加强党内法规制度建设的意见》。

12 月 26 日 中共中央、国务院印发《关于稳步推进农村集体产权制度改革的意见》。农村集体产权制度改革向全国推开。

二〇一七年

1 月 12 日　国务院发出《关于扩大对外开放积极利用外资若干措施的通知》。2017 年 8 月 8 日、2018 年 6 月 10 日，又相继发出《关于促进外资增长若干措施的通知》、《关于积极有效利用外资推动经济高质量发展若干措施的通知》。

1 月 17 日　习近平出席达沃斯世界经济论坛 2017 年年会开幕式并发表主旨演讲，发出支持经济全球化的时代强音，强调经济全球化是社会生产力发展的客观要求和科技进步的必然结果，要适应和引导好经济全球化，消解经济全球化的负面影响，让它更好惠及每个国家、每个民族，实现经济全球化进程再平衡。

2 月 22 日　十八届中共中央第十二轮巡视工作动员部署会议召开。十八届中共中央共开展 12 轮巡视，巡视 277 个党组织，在党的历史上首次实现一届任期内对地方、部门、企事业单位全覆盖。

3 月 15 日　十二届全国人大五次会议通过《中华人民共和国民法总则》。

3 月 28 日　中共中央、国务院发出通知，决定设立河北雄安新区。

4 月 26 日　我国第一艘自主设计建造的航空母舰出坞

下水。

5月3日　世界首台单光子量子计算机在中国诞生。

5月5日　我国自主研制的首款 C919 大型客机首飞成功。

5月14日—15日　首届"一带一路"国际合作高峰论坛在北京举行。习近平出席开幕式并发表主旨演讲，强调要将"一带一路"建成和平之路、繁荣之路、开放之路、创新之路、文明之路。15日，高峰论坛举行领导人圆桌峰会，习近平全程主持会议。

5月18日　南海神狐海域天然气水合物（又称可燃冰）试采成功。我国成为世界上首个成功试采海域天然气水合物的国家。

6月21日　国务院常务会议部署发展分享经济，培育壮大新动能。

6月25日　中国标准动车组被命名为"复兴号"并于26日投入运行。中国高速动车组技术实现全面自主化。

7月1日　习近平出席庆祝香港回归祖国20周年大会暨香港特别行政区第五届政府就职典礼并发表讲话指出，中央贯彻"一国两制"方针坚持两点：一是坚定不移，不会变、不动摇；二是全面准确，确保"一国两制"在香港的实践不走样、不变形，始终沿着正确方向前进。

同日　习近平出席在香港举行的《深化粤港澳合作推进大湾区建设框架协议》签署仪式。建设粤港澳大湾区成为国家战略。

7月8日　国务院印发《新一代人工智能发展规划》。

7月14日—15日 全国金融工作会议举行。会议决定设立国务院金融稳定发展委员会。

7月26日 习近平在省部级主要领导干部"学习习近平总书记重要讲话精神,迎接党的十九大"专题研讨班开班式上,阐述了党的十八大以来党和国家事业发生的历史性变革,作出中国特色社会主义进入了新的发展阶段的重大战略判断,提出要牢牢把握我国发展的阶段性特征,牢牢把握人民群众对美好生活的向往,在新的时代条件下进行伟大斗争、建设伟大工程、推进伟大事业、实现伟大梦想。

7月30日 庆祝中国人民解放军建军90周年阅兵在朱日和联合训练基地举行。习近平检阅部队。8月1日,习近平在庆祝中国人民解放军建军90周年大会上讲话指出,党对军队的绝对领导是中国特色社会主义的本质特征,是党和国家的重要政治优势,是人民军队的建军之本、强军之魂。要坚持政治建军、改革强军、科技兴军、依法治军,全面提高国防和军队现代化水平,把人民军队建设成为世界一流军队。

8月1日 中共中央办公厅、国务院办公厅印发《关于深化教育体制机制改革的意见》。

9月3日—5日 金砖国家领导人第九次会晤在福建厦门举行。习近平主持会晤并发表讲话,强调要积极推动全球经济治理改革,提高新兴市场国家和发展中国家代表性和发言权,为解决南北发展失衡、促进世界经济增长提供新动力。

9月8日 中共中央、国务院印发《关于营造企业家健康成长环境弘扬优秀企业家精神更好发挥企业家作用的意见》。

10 月 18 日—24 日 中国共产党第十九次全国代表大会举行。大会通过的报告《决胜全面建成小康社会,夺取新时代中国特色社会主义伟大胜利》,作出了中国特色社会主义进入新时代、我国社会主要矛盾已经转化为人民日益增长的美好生活需要和不平衡不充分的发展之间的矛盾等重大政治论断,确立了习近平新时代中国特色社会主义思想的历史地位,提出了新时代坚持和发展中国特色社会主义的基本方略,确定了决胜全面建成小康社会、开启全面建设社会主义现代化国家新征程的目标。大会认为,综合分析国际国内形势和我国发展条件,从 2020 年到本世纪中叶可以分两个阶段来安排。第一个阶段,从 2020 年到 2035 年,在全面建成小康社会的基础上,再奋斗 15 年,基本实现社会主义现代化。第二个阶段,从 2035 年到本世纪中叶,在基本实现现代化的基础上,再奋斗 15 年,把我国建成富强民主文明和谐美丽的社会主义现代化强国。大会通过关于《中国共产党章程(修正案)》的决议,把习近平新时代中国特色社会主义思想同马克思列宁主义、毛泽东思想、邓小平理论、"三个代表"重要思想、科学发展观一道确立为党的行动指南并载入党章。

10 月 25 日 中共十九届一中全会选举习近平、李克强、栗战书、汪洋、王沪宁、赵乐际、韩正为中央政治局常委,选举习近平为中央委员会总书记,决定习近平为中央军委主席,批准赵乐际为中央纪委书记。

11 月 2 日 中央军委印发《关于全面深入贯彻军委主席负责制的意见》。

11 月 19 日　国务院作出《关于废止〈中华人民共和国营业税暂行条例〉和修改〈中华人民共和国增值税暂行条例〉的决定》。营业税改征增值税改革全面完成。

11 月 30 日—12 月 3 日　中国共产党与世界政党高层对话会在北京举行。12 月 1 日,习近平在出席对话会开幕式发表主旨讲话时指出,不同国家的政党应该增进互信、加强沟通、密切协作,探索在新型国际关系的基础上建立求同存异、相互尊重、互学互鉴的新型政党关系,搭建多种形式、多种层次的国际政党交流合作网络,汇聚构建人类命运共同体的强大力量。

12 月 14 日　中共中央作出《关于调整中国人民武装警察部队领导指挥体制的决定》,明确武警部队归中央军委建制,不再列国务院序列。2018 年 1 月 10 日,习近平向武警部队授旗并致训词。

12 月 18 日　习近平在中央经济工作会议上讲话指出,推动高质量发展是当前和今后一个时期确定发展思路、制定经济政策、实施宏观调控的根本要求,必须加快形成推动高质量发展的指标体系、政策体系、标准体系、统计体系、绩效评价、政绩考核,创造和完善制度环境,推动我国经济在实现高质量发展上不断取得新进展。这次会议总结和阐述了习近平新时代中国特色社会主义经济思想。

12 月 30 日　中共中央印发《关于建立国务院向全国人大常委会报告国有资产管理情况制度的意见》。2018 年 10 月,十三届全国人大常委会第六次会议审议了《国务院关于2017 年度国有资产管理情况的综合报告》和《国务院关于

2017 年度金融企业国有资产的专项报告》。这是国务院首次按照"全口径、全覆盖"标准向全国人大常委会报告国有资产管理情况。

二〇一八年

1月2日 中共中央、国务院印发《关于实施乡村振兴战略的意见》。

1月18日—19日 中共十九届二中全会举行。全会通过《关于修改宪法部分内容的建议》。3月11日,十三届全国人大一次会议通过宪法修正案。

2月26日—28日 中共十九届三中全会举行。全会通过《关于深化党和国家机构改革的决定》和《深化党和国家机构改革方案》,决定组建中央全面依法治国委员会、中央审计委员会等机构。3月17日,十三届全国人大一次会议批准国务院机构改革方案。

2月28日 国务院台办、国家发展改革委发布《关于促进两岸经济文化交流合作的若干措施》。该措施共31条,其中12条涉及加快给予台资企业与大陆企业同等待遇,19条涉及逐步为台湾同胞在大陆学习、创业、就业、生活提供与大陆同胞同等待遇。

3月3日—15日 全国政协十三届一次会议举行。会议选举汪洋为全国政协主席。

3月5日—20日 十三届全国人大一次会议举行。会议选举习近平为国家主席、国家中央军委主席,栗战书为全国人大常委会委员长,决定李克强为国务院总理。

3月20日 十三届全国人大一次会议通过《中华人民共和国监察法》。23日,中华人民共和国国家监察委员会在北京揭牌。

4月11日 中共中央、国务院印发《关于支持海南全面深化改革开放的指导意见》,赋予海南经济特区改革开放新使命,建设自由贸易试验区和中国特色自由贸易港。13日,习近平在庆祝海南建省办经济特区30周年大会上讲话指出,海南要着力打造全面深化改革开放试验区、国家生态文明试验区、国际旅游消费中心、国家重大战略服务保障区,形成更高层次改革开放新格局。

4月26日 习近平在武汉主持召开深入推动长江经济带发展座谈会时讲话指出,新形势下推动长江经济带发展,关键是要正确把握整体推进和重点突破、生态环境保护和经济发展、总体谋划和久久为功、破除旧动能和培育新动能、自身发展和协同发展的关系。

4月27日 十三届全国人大常委会第二次会议通过《中华人民共和国英雄烈士保护法》。

5月18日 习近平在全国生态环境保护大会上讲话提出新时代推进生态文明建设的原则,强调要加快构建生态文明体系。这次大会总结并阐述了习近平生态文明思想。

5月28日 习近平在中国科学院第十九次院士大会、中国工程院第十四次院士大会上讲话指出,要充分认识创新是第一动力,矢志不移自主创新,着力增强自主创新能力。要以关键共性技术、前沿引领技术、现代工程技术、颠覆性技术创新为突破口,努力实现关键核心技术自主可控,把创新主动权、发展主动权牢牢掌握在自己手中。

5月30日 国务院发出《关于建立企业职工基本养老保险基金中央调剂制度的通知》。

6月9日—10日 上海合作组织青岛峰会举行。10日,习近平主持会议并发表讲话,强调要提倡创新、协调、绿色、开放、共享的发展观,践行共同、综合、合作、可持续的安全观,秉持开放、融通、互利、共赢的合作观,树立平等、互鉴、对话、包容的文明观,坚持共商共建共享的全球治理观,不断改革完善全球治理体系,推动各国携手建设人类命运共同体。

6月15日 中共中央、国务院印发《关于打赢脱贫攻坚战三年行动的指导意见》。

6月16日 中共中央、国务院印发《关于全面加强生态环境保护坚决打好污染防治攻坚战的意见》。

6月22日 习近平在中央外事工作会议上讲话指出,把握国际形势要树立正确的历史观、大局观、角色观。当前,我国处于近代以来最好的发展时期,世界处于百年未有之大变局,两者同步交织、相互激荡。要深入分析世界转型过渡期国际形势的演变规律,准确把握历史交汇期我国外部环境的基本特征,统筹谋划和推进外交工作。这次会议总结并阐述了习近平外交思想。

6月29日 习近平在主持中共中央政治局第六次集体学习时讲话指出,党的政治建设是党的根本性建设,要把党的政治建设摆在首位,以党的政治建设为统领。

6月30日 中共中央、国务院印发《关于完善国有金融资本管理的指导意见》，明确对国有金融资本实行统一授权管理，建立健全国有金融资本管理的"四梁八柱"。

7月3日 习近平在全国组织工作会议上讲话指出，党的力量来自组织，党的全面领导、党的全部工作要靠党的坚强组织体系去实现。强调，新时代党的组织路线是：全面贯彻新时代中国特色社会主义思想，以组织体系建设为重点，着力培养忠诚干净担当的高素质干部，着力集聚爱国奉献的各方面优秀人才，坚持德才兼备、以德为先、任人唯贤，为坚持和加强党的全面领导、坚持和发展中国特色社会主义提供坚强组织保证。

8月17日 习近平在中央军委党的建设会议上讲话强调，全面加强新时代我军党的领导和党的建设工作，为开创强军事业新局面提供坚强政治保证。

8月21日 习近平在全国宣传思想工作会议上讲话指出，中国特色社会主义进入新时代，必须把统一思想、凝聚力量作为宣传思想工作的中心环节。做好新形势下宣传思想工作，必须自觉承担起举旗帜、聚民心、育新人、兴文化、展形象的使命任务。

8月24日 习近平主持召开中央全面依法治国委员会第一次会议时讲话指出，全面依法治国具有基础性、保障性作用。中央全面依法治国委员会要管宏观、谋全局、抓大事，既要破解当下突出问题，又要谋划长远工作，把主要精力放在顶层设计上。

9月3日—4日 中非合作论坛北京峰会举行。习近平主持峰会并在开幕式上发表主旨讲话,提出中非要携手打造责任共担、合作共赢、幸福共享、文化共兴、安全共筑、和谐共生的中非命运共同体。会议通过《关于构建更加紧密的中非命运共同体的北京宣言》和《中非合作论坛—北京行动计划(2019—2021年)》。

9月10日 习近平在全国教育大会上讲话指出,教育是国之大计、党之大计。要坚持改革创新,以凝聚人心、完善人格、开发人力、培育人才、造福人民为工作目标,培养德智体美劳全面发展的社会主义建设者和接班人,加快推进教育现代化、建设教育强国、办好人民满意的教育。

9月26日 习近平在黑龙江考察时讲话指出,现在,国际上单边主义、贸易保护主义上升,我们必须坚持走自力更生的道路。中国要发展,最终要靠自己。

9月28日 习近平在沈阳主持召开深入推进东北振兴座谈会时讲话指出,新时代东北振兴,是全面振兴、全方位振兴,要从统筹推进"五位一体"总体布局、协调推进"四个全面"战略布局的角度去把握,瞄准方向、保持定力,扬长避短、发挥优势,一以贯之、久久为功,撸起袖子加油干,重塑环境、重振雄风,形成对国家重大战略的坚强支撑。

10月23日 港珠澳大桥开通仪式在广东省珠海市举行。习近平出席仪式。港珠澳大桥总长55公里,是连接香港、珠海和澳门的超大型跨海通道,也是世界上最长的跨海大桥。

11月1日 习近平在主持召开民营企业座谈会时讲话指出,我们强调把公有制经济巩固好、发展好,同鼓励、支持、引导非公有制经济发展不是对立的,而是有机统一的。公有制经济、非公有制经济应该相辅相成、相得益彰,而不是相互排斥、相互抵消。我国基本经济制度写入了宪法、党章,这是不会变的,也是不能变的。在我国经济发展进程中,要不断为民营经济营造更好发展环境。

11月5日—10日 首届中国国际进口博览会在上海举行。5日,习近平出席开幕式并发表主旨演讲时指出,中国国际进口博览会是迄今为止世界上第一个以进口为主题的国家级展会,是中国推动建设开放型世界经济、支持经济全球化的实际行动;宣布增设中国上海自由贸易试验区的新片区、在上海证券交易所设立科创板并试点注册制、支持长江三角洲区域一体化发展并上升为国家战略。

11月7日 中共中央、国务院印发《关于学前教育深化改革规范发展的若干意见》。指出,推进学前教育普及普惠安全优质发展,更好实现幼有所育。

11月9日 习近平向国家综合性消防救援队伍授旗并致训词。

11月12日 习近平在会见香港澳门各界庆祝国家改革开放40周年访问团时讲话指出,40年改革开放,港澳同胞是见证者也是参与者,是受益者也是贡献者。港澳同胞同内地人民一样,都是国家改革开放伟大奇迹的创造者。国家改革开放的历程就是香港、澳门同内地优势互补、一起发展的历程。对香港、澳门来说,"一国两制"是最大的优势,国家改革开放是最大的舞台,共建"一带一路"、粤港澳大湾区建设等国家战略实施是新的重大机遇。

11 月 13 日　习近平在国家博物馆参观"伟大的变革——庆祝改革开放 40 周年大型展览"时讲话指出,要通过展览,统一思想、凝聚共识、鼓舞斗志、团结奋斗,坚定全国各族人民跟党走中国特色社会主义道路、改革开放道路的信心和决心。

责任编辑：郑仲书

图书在版编目（CIP）数据

改革开放四十年大事记／中共中央党史和文献研究院. —北京：
  人民出版社,2018.12
ISBN 978－7－01－020229－7

Ⅰ.①改… Ⅱ.①中… Ⅲ.①改革开放-大事记-中国 Ⅳ.①D61

中国版本图书馆 CIP 数据核字（2018）第 289714 号

改革开放四十年大事记
GAIGE KAIFANG SISHINIAN DASHIJI

中共中央党史和文献研究院

人民出版社 出版发行
（100706 北京市东城区隆福寺街 99 号）

北京汇林印务有限公司印刷 新华书店经销

2018 年 12 月第 1 版 2018 年 12 月北京第 1 次印刷
开本：635 毫米×927 毫米 1/16 印张：8.5
字数：81 千字 印数：000,001-180,000 册

ISBN 978－7－01－020229－7 定价：28.00 元

邮购地址 100706 北京市东城区隆福寺街 99 号
人民东方图书销售中心 电话（010）65250042 65289539